für Hartmut

MÜNSTER
À LA CARTE

Ausgesuchte Gastgeber
heißen willkommen

MIT VIELEN
ORIGINAL
REZEPTEN

von Birgit Kallerhoff

„Es sind die Begegnungen,
die das Leben spannend machen."

Birgit Kallerhoff

KONTAKT
Birgit Kallerhoff
65510 Idstein

info@fotokallerhoff.de
www.fotokallerhoff.de

VORWORT

Birgit Kallerhoff, Fotografin und Autorin

Um Menschen zu fotografieren, suche ich sie in ihrer gewohnten Umgebung auf, dort, wo sie sich wohlfühlen. Diese Stimmung wird später auf den Fotos zu sehen sein und jeder Termin ist eine Begegnung, bei der man sich gemeinsam, zu einem Bild, auf den Weg macht. Ich liebe meinen Beruf.

Eine weitere Leidenschaft für mich ist der Gaumengenuss. Riechen und schmecken, essen und trinken – auch das sind jedes Mal spannende Begegnungen, die ebenfalls mit Sorgsamkeit, Respekt und Freude zu tun haben. Sehr viel Freude!

Die Idee entstand, diese beiden Leidenschaften zusammenzubringen.

UND WARUM IM MÜNSTERLAND?

Ganz einfach. Münster ist für mich, in Hamm geboren, ein Stück Heimat. Ich habe dort für einige Zeit gelebt und vermutlich ist eine kleine Herzkammer dort geblieben. Ich liebe die Stadt und das Umland: Die überraschende Vielfalt der Landschaft, eine Mischung aus Wiesen, Weiden, Mooren und Waldstücken. Die typischen roten Dächer der Gehöfte, die immer wieder zwischen den Feldern auftauchen. Die kleinen Städtchen rund um Münster und Münster selbst, die einladen, inspirieren und fordern, ohne anstrengend zu sein. Der Menschenschlag, so geradlinig und offen, natürlich und unaufgeregt.

Ich entdeckte die ersten Gastgeber und Inhaber von Manufakturen, die mit Mut und Selbstbewusstsein Eigenes schaffen: wunderbare Menüs und Gerichte, prämierte und einfallsreiche Cocktails, herrliche Torten und Pralinés, beste Geiste, wundervoll kreatives Bier, und meinen Lieblingskaffee - Das alles mit ehrlichem Interesse an Produktion und Herkunft präsentiert.

Ich entdeckte, was ich mir erhofft hatte: Herzblut! Menschen, die lieben, was sie tun und genau das tun wollen.

Es kamen immer mehr Tipps für weitere Gastgeber und Manufakturen hinzu. Man kennt sich untereinander, schätzt sich und arbeitet teils zusammen. Aus diesen Begegnungen ergaben sich spannende kulinarische Momente mit unterschiedlichen Charakteren und vielen leckeren Vergnügungen.

GELEBTE LEIDENSCHAFT IN BILDERN FESTGEHALTEN.

Der Genuss, die glänzenden Augen derer, die gestalten, das Handwerk, der Wind und das Grün, gastronomische Wohlfühloasen – wir haben, so glaube ich, alles, was uns berührte, in das Buch hineingepackt.
Gedacht ist es als liebevolle Hommage an meine Mama, die wunderbar kocht, an die heimische Küche und den überlieferten Genuss mit neuen kreativen und jungen Einflüssen.
Zur Seite stand mir Monika Mostert-Rath, die mit mir durch das Münsterland streifte und meine Empfindungen wunderbar in Worte fasste. Nicole Metzinger gestaltete das Layout mit unglaublich viel Gefühl und dem gekonnten Blick für das Wesentliche. Und ich danke meiner Familie.

Ich möchte Leser ansprechen, die neugierig sind, hinter die Kulissen schauen möchten und gerne genießen und die wissen, dass gemeinsames Essen und Trinken ein sinnliches Vergnügen sein kann. Die Auswahl der beschriebenen Orte ist rein subjektiv. Alle vorgestellten Gastgeber eint eine professionelle Gastfreundschaft und Leidenschaft, welche die Gäste erfahren. Dieser Bildband ist meine persönliche Einladung für Sie ins Münsterland. Kommen Sie mit!

Birgit Kallerhoff

INHALTSVERZEICHNIS

REZEPT-VERZEICHNIS

KONTAKT

SPITZNER IM OERSCHEN HOF
RS Münster Gastro GmbH & Ko.KG
Königstr. 42
48143 Münster
www.oerschenhof.ms

SPITZNER IM OERSCHEN HOF

Karl-Nikolas Spitzner & Christin Reimering

Der Morgen in Münsters Straßen und auf der Promenade war ereignisreich. Ich hatte viele Geschäfte wieder neu entdeckt und das pulsierende Leben dieser Stadt genossen. Wenn auch die vielen Radfahrer mich das ein oder andere Mal zur Seite springen ließen, wenn ich mich mit meiner Kamera postieren wollte. In der Königstraße wurde ich dann, wie an einem Faden gezogen, von einem wunderschönen historischen Gebäude angelockt. Der Oersche Hof, ein barocker Backsteinbau von 1748, zwischen den modernen Neubauten ein baukulturelles Highlight.

Neugierig geworden ging ich durch den Torbogen und schaute mich um. Angelockt durch eine offene Tür, betrat ich den Eingangsbereich des Restaurants. Ich fühlte mich sofort wohl. Freundlich, hell und individuell ist die Einrichtung. Aufmerksam und selbstverständlich wurde ich willkommen geheißen, und wie das bei mir so ist, wenn ich ein Restaurant betrete, überkam mich ein Hüngerchen.

Es fiel mir schwer mich für einen bestimmten Tisch zu entscheiden, denn alle Räume sind einladend.
Das Weiche der weißen Vorhänge und Rollos, die ausgesuchten Leuchten, die Tischwäsche, die bequemen Stühle
korrespondieren wunderbar mit den rustikalen alten Dielenböden und Kaminen, den schwarz/weißen Boden-
fliesen und Delfter Kacheln. Ein facettenreiches Spiel mit Farben, Formen und Strukturen. Ich liebe Kron-
leuchter, ob antik oder modern. Ausgefallene Bilder und Objekte geben jedem Raum etwas Besonderes, eben
ein geschmackvolles Ambiente für Geschäftliches oder Romantisches. Die Kombination aus Alt und Modern
ist wirklich gelungen. Ein Winkel des Ruckzugs mitten in der Innenstadt.

Die Speisekarte am Mittag war klein, fein und vielversprechend. Meine Vorfreude wuchs. Während ich
wartete, kam ich mit Christin Reimering ins Gespräch, die mit Küchenchef Karl-Nikolas Spitzner dieses
Restaurant gemeinsam führt. Beide sind Münsteraner.
Seit 2013 verwöhnen sie hier ihre jungen und jung gebliebenen Gäste. Mit der Marke Heimatfleisch der Spitzner
Foodcompany hat sich Nikolas Spitzner auf artgerechte Haltung (Schweine) spezialisiert. Regional und fair.
Ein kulinarisches Engagement als Bekenntnis zur Heimat. Falls der Fisch und die Muscheln aber mal aus der
Bretagne kommen, sorgen heimische Kartoffeln und Gemüse für den geschmacklichen Ausgleich.

Karl-Nikolas Spitzner & Team

Hier ist das Team ein Team. Während des Tuns fallen kaum überflüssige Worte. Westfalen halt.

Ich lernte dann beim Besuch in der Küche auch den Meister persönlich kennen. Ein unaufgeregter, zielstrebiger Küchenchef, für den bodenständige und ausgewogene sowie detailreiche und raffinierte Kreationen keine Gegensätze sind. Der auf den Wochenmarkt geht und sich kundig macht, Neues entdecken möchte. Ich spürte ein Wir-Gefühl, das wahrscheinlich daher kommt, dass die komplette Mannschaft ihr Tagwerk mit einem gemeinsamen Frühstück beginnt. Ein ernster Mann, dessen Augen aber lächeln, wenn er sagt: „Wenn ich für Gäste koche, ist das so, als wenn ich das für die Familie und Freunde tue."

Ich behaupte jetzt einfach mal: Er ist mit Leib und Seele Koch.

*Die Kreation auf dem Teller war eine
überraschende und köstliche Kombination
aus herzhaft und süß, aus kalt und heiß.
Alle Sinne wurden angesprochen,
ein gelungener Auftakt.*

Marmorierte Terrine
von der Entenstopfleber, Cassis, Lavendel-Rosmarin
Brioche, geröstet und geeist

4 Personen

Brioche

Vorteig: 150 g Mehl, 150 g Milch, 80 g Zucker, 1 Päckchen Hefe
Hauptteig: 600 g Mehl, 60 g Milch,
200 g Eigelb (ca. 10 Stück), 20 g Salz, 200 g Butter,
1 EL Rosmarin geschnitten, 20 Lavendelblüten

*Vorteig: Hefe in lauwarmer Mich auflösen, mit Mehl und Zucker zu
einem Teig verrühren und 1 Stunde abgedeckt stehen lassen.
Hauptteig: Alle Zutaten zusammen verkneten, Vorteig einarbeiten,
in einer Form 1 Stunde gehen lassen, dann in den Ofen.*

Kombidämpfer:
35 Grad, 1 Stunde

Dampf:
100 Grad 5 Minuten

Trockenhitze:
160 Grad 25 Minuten

Eis

1 L Sahne, 1 L Milch, 300 g Rosmarin-Lavendel-Brioche,
240 g Zucker, 500 g Eigelb (ca. 25 Stück).

*Sahne und Milch eine Nacht mit der Brioche quellen lassen.
Am nächsten Tag mit Eigelb und Zucker auf einem Wasserbad
aufschlagen. Zur Rose abziehen, passieren und einfrieren.*

———————

Cassis Kompott

1 kg frische Cassis Beeren, 250 g Zucker,
1/2 L Rotwein, 1/4 L Portwein, etwas Stärke zum Abbinden

*Den Zucker karamellisieren, mit Rot- und Portwein ablöschen und einkochen,
bis sich der Zucker aufgelöst hat, abbinden und heiß über die Beeren geben,
luftdicht kühl stellen.*

———————

Leber

2 ganze französische Entenstopfleber, Pfeffer, Meersalz, Cassis wenig,
Rotwein kräftig, großzügig, Madeira wenig, Portwein rot, wenig.

*Die Leber in dicke Streifen schneiden, kurz und kräftig anbraten
und in einer Form aufeinander pressen, 8 - 12 Stunden kühl stellen
und dann servieren.*

*Eine Scheibe von der Terrine, eine Nocke Eis, ein Stück angeröstete Brioche,
und in die Mitte ein Löffel Cassis Kompott werden ansprechend angerichtet.*

*Alle Komponenten werden in größerer Menge zubereitet
und können gut portioniert werden.*

*Weinempfehlung:
Ca' Togni, Sweet Red Vine,
Philip Togni Vineyard, Californien*

Auf der Schuppe gegrillter Adlerfisch, Parmentier von Kartoffeln und Bouchotmuscheln mit jungem Lauch

4 Personen

---

400 g Adlerfisch (oder Wolfsbarsch)
Parmentier: 500 g Miesmuscheln (Bouschotmuscheln aus der Bretagne), Meersalz,
schwarzer Pfeffer aus der Mühle, krause Petersilie, Thymian,
500 ml Gemüsefond, 2 fein geschnittene Schalotten, 1 Bund Frühlingszwiebeln, guter Schuss
trockener Weißwein, 400 g Kartoffeln (mehlig), 300 g Pfifferlinge

*Den Fisch ausnehmen und filetieren, mit Meersalz und Olivenöl behandeln und kurz kaltstellen.
Die Muscheln putzen und waschen. Anschließend mit dem Olivenöl, den Schalotten und dem weißen Teil
der Frühlingszwiebeln anschwitzen, mit dem Weißwein ablöschen und dem Gemüsefond auffüllen. Sanft
köcheln lassen bis sich die Muscheln öffnen. Die Muscheln sofort herausnehmen. Warm stellen.
Fond mit den Kräutern und Pfeffer würzen. Nun die geschälten Kartoffeln im Fond kochen.
Wenn sie gewürfelt sind, garen sie schneller. Leicht salzen. Sobald die Kartoffeln weich gekocht sind,
mit der Flüssigkeit in einen Mixer geben und mit ein wenig Olivenöl aufmixen und passieren.
Pfifferlinge putzen und in Olivenöl leicht anbraten. Frühlingszwiebeln dünsten.
Jetzt den Fisch auf der Schuppe kross grillen, anschließend mit Meersalz bestreuen. Die Schuppen erhalten
durch das Grillen eine Knusprigkeit, die wunderbar mit der Parmentier harmoniert.
Kartoffelmasse auf den Teller gießen, die Muscheln, den Fisch, die Pfifferlinge und die jungen
gedünsteten Frühlingszwiebeln dazu servieren.*

*Parmentier nennt Karl-Nikolas Spitzner die Methode, Kartoffeln im Fond zu garen
und die perfekte Konsistenz aus Püree und Suppe zu erzielen.*

WEINEMPFEHLUNG

2014er Birkweiler Mandelberg,
Weissburgunder trocken,
Weingut Gies-Düppel, Pfalz

KONTAKT

DOMSCHENKE
Restaurant & Hotel
Markt 6
48727 Billerbeck
www.domschenke-billerbeck.de

DOMSCHENKE

Frank Groll

*Der Anblick ist beeindruckend. Der mächtige Dom und die zierlichen Häuser an seiner Seite –
eine kleinstädtische, historische Idylle. Doch wer meint, der Dom sei zuerst dort gestanden und die
Domschenke wäre später erbaut, irrt. 1668 wurde das Haus errichtet und beherbergte seit 1857 eine
kleine Gaststätte. Dort kehrten wohl schon Pilger ein, die die offene Kapelle besuchten, welche dem
Dom vorausging. Wie viele Menschen mögen wohl dort ein und aus gegangen sein?*

In 5. Generation leitet Familie Groll nun die Geschicke des Hauses, das mit viel Liebe und Engagement zu dem wurde, was es jetzt ist – eine Herberge des Genusses und Wohlbefindens.
Aber das ist Historie, ich interessierte mich erst einmal für das einladende Ambiente des Restaurants.
Die Schenke und das Restaurant sind voneinander getrennt, aber durch die Kombination von Tradition und Moderne auch wieder vereint.

———

DOMSCHENKE, Billerbeck

In der Schenke herrscht ein diffuses
Licht vor, das aber durch die großen
modernen Leuchten gebrochen wird,
die Lichtinseln schaffen.
Einfach gemütlich und einladend.
Die komplette Einrichtung ist mit
sicherer Hand gestaltet, die jahreszeitliche Dekoration stylisch.
Ich fühlte mich wohl.

SEINE PHILOSOPHIE

„Mein Wunsch ist es, alle Gäste zufriedenzustellen. Nichts ist unmöglich."

Frank Groll

Frank Grolls Augen leuchteten, als er mir von seiner Profession erzählte. Er liebt seinen Beruf als Küchenchef und Gastgeber und ist stolz auf das Geleistete, kann er auch sein, hat er doch als Jugendlicher seinem Vater Josef geholfen, die Balken der alten Schmiede nebenan zu entnageln, um das Gebäude weiter zu vergrößern und so herzurichten, wie es jetzt ist. Es geht das Gerücht, dass er schon als Siebenjähriger sein erstes Schnitzel briet. Er konnte gar nicht anders, als das Lebenswerk der Familie weiterzuführen. Seine Söhne eifern ihm schon nach, sie lernen in der Berliner Sterneszene.

Auch er war kulinarisch und sternemäßig unterwegs. Seine Stationen: das Parkhotel Schloss Anholt, das Mövenpick in Münster, die Kantine beim Bund, die er selbstständig leitete und das Chateau d'Isenbourg in Rouffach/Elsass, wo er für die Rêlais Gruppe Promotion-Koch-Events begleitete. Er kennt sich in der Gastronomie aus. Seit 1991 arbeitet er nun in Billerbeck und übernahm 2003 den elterlichen Betrieb. Die anspruchsvolle Crossover-Küche ist sein Metier und die seines zwölfköpfigen Teams. Jeden Tag überrascht er seine Gäste mit besonderen Kreationen, die sie in der Schenke oder im Restaurant genießen können.

Seine indischen VIP-Gäste verwöhnt
er mit landestypischen Gerichten und
erfüllt den Geschäftsleuten den größten
Wunsch für das heimische Bombay:
Königsberger Klopse zum Mitnehmen.
Nichts ist unmöglich für Frank Groll.
Er liebt den Kontakt zu seinen Gästen,
hat nur ein Problem: Wenn er die
Küche verlässt, kommt er wegen der
vielen Tischgespräche schwerlich
wieder zurück an den Herd.
Im Herbst und Winter ist das anders,
dann sieht man ihn regelmäßig - zum
traditionellen Tranchieren der Gänse
am Tisch, denn das macht der Chef
natürlich selbst.

TIPP

Statt des Rochens kann man auch Seeteufel verwenden.

Rochenflügel auf Spinatbett mit Oliven, Kapern und Limettenragout

4 Personen

800 g Rochenflügel, 50 g Gemüsezwiebel, 10 ml Olivenöl, 2 Limetten, filetiert,
2 Tomaten, abgezogen und gewürfelt, 40 g Kapern, 1 große Schalotte, fein gewürfelt,
50 ml Sahne, 25 g Butter, 200 g Spinat, gewaschen und geputzt, 1 Lorbeerblatt, 50 ml Weißwein,
Salz, Pfeffer, 10 g Maisstärke, 10 g Zucker, 12 Oliven

*Den Rochenflügel filetieren und die Haut abziehen. Die Knorpel mit der Gemüsezwiebel in Olivenöl
anschwitzen, mit Salz und Pfeffer würzen, mit Weißwein ablöschen, Lorbeerblatt dazugeben,
etwas Wasser auffüllen, aufkochen und ziehen lassen. Den Fond passieren, Sahne und Butter dazugeben
und mit der Stärke abbinden. Den Zucker karamellisieren und das erste Drittel der Schalottenwürfel
und die abgebundene Sauce hinzugeben. Vor dem Anrichten mit den Limettenfilets kurz aufkochen.
Das zweite Drittel der Schalottenwürfel in Butter anschwitzen, den Spinat dazugeben,
kurz garen und dann in einem Sieb abtropfen lassen.
Den Rochenflügel in Olivenöl bei geringer Hitze anbraten, die restlichen Schalottenwürfel, Kapern,
Tomatenwürfel, Oliven und ein bisschen Butter dazugeben. Den Flügel wenden und bei geringer Hitze
gar ziehen lassen. Dann alles anrichten.*

> *Weinempfehlung:*
> *Lugana San Benedetto, Weißwein*
> *Weingut Zenato, Italien*

TIPP

Milchziegenfleisch erhält
man beim Bauern direkt oder
im ausgesuchten Fachhandel.
Eine Alternative wäre
Lamm, besonders für
mehrere Personen.

Crêpinette, Carrée und Roulade von der Milchziege mit Erdbeersalsa, Rhabarbersauce und Spargel

4 Personen

Crêpinette, Carree und Roulade & Rostgemüse

1 Milchziegenrücken, 1 Milchziegenkeule, 100 g Netzfett,
Röstgemüse, grob gewürfelt: 10 g Gemüsezwiebel, 10 g Möhre, 10 g Porree
100 ml Weißwein, 100 ml Sahne, 50 g Butter, 10 g Maisstärke,
1 Zweig Rosmarin, 1 Zweig Estragon, Salz, Pfeffer
Farce: Ober- und Unterschale von der Ziegenkeule, 1 Ei, 100 ml Sahne, Salz und Pfeffer

Den Ziegenrücken auslösen und portionieren. Für das Carree die Stielkoteletts sauber putzen und das Rückgrat abschlagen. Die Ziegenkeule auslösen, die Ober- und Unterschale für die Farce abtrennen. Den Rest der Keule mit den Knochen schmoren, das Röstgemüse dazugeben, salzen und pfeffern, mit Weißwein ablöschen und Wasser auffüllen. Rosmarin und Estragon dazugeben, Garzeit 30 bis 45 Minuten. Das Keulenfleisch herausnehmen, den Fond passieren, Sahne und Butter dazugeben und mit Maisstärke abbinden. Das geschmorte Keulenfleisch in Würfel schneiden, aus der Ober- und Unterschale die Farce herstellen und 2/3 der Farce unter das Keulenfleisch mischen, in Folie einrollen und 30 Minuten pochieren. Den Rest der Farce auf den portionierten Rücken geben und in das Netzfett einwickeln. Carree und Crêpinette kurz anbraten und im Ofen bei 185 °C Umluft 3 Minuten garen, Roulade portionieren.

Erdbeersalsa

60 g Erdbeeren, gewürfelt, 2 g Schalottenwürfel, 4 Blätter Basilikum, in Streifen geschnitten,
1 Moccalöffel Balsamico weiß, 5 g Zucker, Salz, Pfeffer

Schalottenwürfel mit dem Zucker karamellisieren, Balsamico dazugeben und mit Salz und Pfeffer würzen. Diese Mischung mit den Erdbeerwürfeln und dem Basilikum vermischen.

Rhabarbersauce

1 Stange Rhabarber, 50 g Zucker, 5 g Maisstärke, 10 ml Weißwein

Rhabarber, Zucker und Weißwein in einem Topf zugedeckt gar kochen, pürieren, passieren und mit der Maisstärke abbinden.

Spargel

800 g Spargel grün/weiß, Prise Zucker, Salz, 10 ml Weißwein, 5 ml Olivenöl, 10 g Butter

Den Spargel schälen, in Wasser, Butter und Gewürzen gar kochen und anschließend in Olivenöl anbraten. Alles anrichten.

> *Weinempfehlung:*
> *Rosmarinus Blanc, Domaine Calage, Resseguier,*
> *Languedoc-Roussilion, France*

KONTAKT

CAFÉ NACHTISCH
Kanalstraße 30
48147 Münster
www.nachtisch.ms

CAFÉ NACHTISCH

Beate Kreilkamp & Alexander Gieseler

Premiere. Ich betrat das erste Mal ein Dessert-Café. Und dieses ist das Einzige in Münster. Hinter der Theke wurde zubereitet, aufgebrüht, gelacht. An den Tischen fanden fröhliche Unterhaltungen statt.

Ich merkte sogleich, wie viel Herzblut in diesen beiden Räumen steckt. Kein Wunder: Viele Freunde halfen bei der Einrichtung, Oma Hedwig strickte die Eierwärmer, Mutter Mechthild, die gute Seele im Hintergrund, half bei der Konzeption der Konfitüren. Die Dekoration hatte etwas Verspieltes, Leichtes, und so passte der Satz von Alexander: „Mein Schatz ist sehr kreativ, Beate hätte auch Floristin werden können." Es ist einfach alles passend: der richtige Ort, um über seine Lieblingssünden, kulinarisch natürlich, nachzudenken und dabei die aufeinander farblich abgestimmte Einrichtung zu erkunden. Beim Blick auf die Speisekarte entdeckte ich neben dem reichhaltigen Frühstücksangebot das 3 Gang-Dessert-Menü. Mein Blick fiel begehrlich auf die Teller der anderen Gäste. Konnte das gut gehen: 3 x Süßes hintereinander? Ja!

NACHTISCH, *Münster*

Dieser Tresen hat es in sich, oder mehr auf sich. Ich habe erst beim dritten Besuch bemerkt,
dass während des laufenden Betriebes auch geknetet, gebacken und kulinarisch komponiert wird.
Doch nicht nur deshalb sind die Plätze dort so beliebt, es ist der persönliche Kontakt,
das kleine Gespräch zwischendurch. Und so kam ich mit einer Dame, Fr. Beck aus der Ferdinandstraße,
ins Gespräch, die lächelnd Platz genommen hatte und ohne Bestellung ihre Tasse Kaffee bekam.
„Ich koche mir zuhause keinen Kaffee mehr, dieser hier schmeckt einfach zu gut. Dies ist mein
tägliches Ritual und ich werde hier wunderbar angenommen." Das stimmt, auch mir erging es so.
Das Umsorgen des Gastes kommt wieder in Mode, und ich werde das hier weiterhin und
freudig genießen.

3-GÄNGE
DESSERT-MENÜ

Aprikosenknödel
im Kokosmantel auf Vanillesauce
mit Erdbeersorbet

Gang 1, 4 Personen

Knödelmasse

50 g Butter, 50 g gemahlene weiße Mandeln, 50 g Mehl,
250 g ausgedrückter Quark, Magerstufe, 1 Ei, Zitronenabrieb, Prise Salz, Prise Vanillezucker,
75 g Zucker, 10 kleingeschnittene, getrocknete Aprikosen

*Alle Zutaten verkneten, kleine Kugeln formen und in kochendem Wasser garen.
Wenn sie oben schwimmen, herausnehmen und vor dem Servieren in Kokosraspeln wälzen.*

Aprikosenragout

70 g Zucker, 150 ml Pfirsichsaft, 1 Vanilleschote, ausgekratzt,
Saft einer Zitrone, 5 halbierte, entsteinte Aprikosen

*Zucker karamellisieren, mit Pfirsichsaft ablöschen, Zitronensaft und Vanille zugeben
und leicht einkochen. Anschließend über die kleingeschnittenen Früchte geben und vermengen.*

Vanillesauce

125 ml Milch, 125 ml Sahne, 45 g Zucker, 60 g Eigelb,
1 Vanilleschote, ausgekratzt

*Milch, Sahne und Vanillemark aufkochen und zur verrührten Eigelb / Zuckermasse geben.
Alles erneut vorsichtig, bei geringer Hitze, zur Rose abziehen (sämig werden lassen).
Anschließend die Masse in ein kaltes Gefäß geben.*

Erdbeersorbet

500 g frische, geputzte Erdbeeren, Saft einer Zitrone, 160 g Puderzucker

*Alle Zutaten mixen, pürieren und in die Eismaschine geben,
bis das Sorbet die gewünschte Konsistenz hat.*

*Weinempfehlung:
Gresecco Rosee,
Königswingert Gregor Zimmermann*

Erdbeere trifft Rhabarber und Waldmeister

Gang 2, 4 Personen

Erbeer- & Vanillesauce
siehe 1. Gang

Sauce Romanoff
250 g frische, geputzte Erdbeeren, 75 g Puderzucker, Saft einer Orange
Alle Zutaten mixen und durch ein Sieb passieren.

Rhabarbercrumble
600 g Rhabarber, gewaschen und geputzt
Den Rhabarber in kleine Stücke schneiden, leicht zuckern und ziehen lassen.

Streusel
400 g Mehl, 200 g Zucker, 200 g flüssige Butter
Alle Zutaten vermengen und aus der Masse Streusel formen. Ein Backblech leicht buttern und mit ein paar Streuseln versehen. Dann die Rhabarberstücke sowie die restlichen Streusel darauf geben. Bei 180°C ca. 1 Stunde backen.

Waldmeistersorbet
250 ml Zitronensaft, 110 g Zucker, 30 g Glucosepulver, 240 ml Wasser, 6 cl Waldmeistersirup
Alle Zutaten miteinander vermengen, kurz aufkochen und dann erkalten lassen. In der Eismaschine gefrieren lassen.

Schokoladenmousse mit Ananasragout
Weißes Schokoladentörtchen & Praline nach Wahl

Gang 3, 4 Personen

Schokoladenmousse

50 ml Zuckerwasser (1:1), 2 Eigelbe, 140 g dunkle Kuvertüre,
100 g flüssige Sahne, 100 g geschlagene Sahne

*Kuvertüre über dem Wasserbad schmelzen, anschließend die fl. Sahne zugeben und verrühren.
Eigelbe und Zuckerwasser über dem Wasserbad schaumig schlagen und vorsichtig in die
Schokoladenmasse geben. Zum Schluss die geschlagene Sahne unterheben, kaltstellen.*

Ananasragout

1/2 Ananas, 70 g Zucker, 150 ml Orangensaft

*Zucker karamellisieren und mit Orangensaft ablösen. Die Masse leicht einkochen lassen
und die klein geschnittenen Ananasstückchen unterheben.*

Schokotörtchen

50 g Butterkeksbrösel, 20 g fl. Butter

Die Zutaten vermengen und auf eine kleine, mit Backpapier ausgelegte Backform geben und andrücken.

125 g weiße, geschmolzene Kuvertüre, 250 g crème fraîche, 2 Eigelbe

*Alles vermengen und auf den Keksboden geben. Ca. 20 Minuten bei 150°C backen
und auskühlen lassen. Nach Belieben mit Früchten garnieren.*

Dazu einen Espresso.

Beate & Alexander.

*Seit 2010 führen die
beiden Münsteraner Beate
Kreilkamp und Alexander
Gieseler ihr wunderschönes
kleines Café. Beate ist die
„Süße" von den beiden. Eine
Station war neben deutschen
Topadressen „Bernhard
Loiseau" im Burgund,
außerdem arbeitete sie im
Team von Patisserie-Größe
„Pierre Lingelser" in der
Traube Tonbach. Alexander,
jahrelang Assistent bei
Johann Lafer, hat außerdem
eine Ausbildung als
Restaurantfachmann und
ein Faible für die herzhafte
Küche. Beide bieten zudem
Kochkurse an, die mitten
im Café, an der imposanten
Theke, stattfinden.*

KOCHKURSE
—
*Die Kochkurse mittwochs sind
ein Highlight, schnell anmelden.
Weitere Infos unter
www.nachtisch.ms*

Die Blätter des Gagelstrauches veredeln das Grutbier. Philipp Overberg beobachtet die jahreszeitliche Entwicklung im botanischen Garten in Münster.

KONTAKT

GRUTHAUS-BRAUEREI
Krummer Timpen 61
48143 Münster
www.gruthaus.de

GRUTHAUS-BRAUEREI

Philipp Overberg

Es hat sich etwas getan am Bierhimmel. Kreative Brauer bringen Vielfalt in den Markt. Philipp Overberg ist einer von ihnen. Während meines Besuches bei ihm Zuhause habe ich viel über die Historie der Braukunst in Münster gelernt, über Bier mit Wurzeln. Der Name seiner „Gruthaus" Brauerei ist eine Verneigung vor der großen Braugeschichte der Stadt Münster. Sein wichtiges Ziel ist es, die historischen münsterschen Bierstile „Grut" und „Keut" wiederzubeleben. Grut hieß die Kräutermischung, mit der das Bier gewürzt wurde, bevor ab dem 15. Jahrhundert der Hopfen die Grut verdrängte.

Anlässe für ein besonderes Bier gibt es genug. Und dass das Bier schmeckt, ist keine Frage. Nach meinem Besuch genoss ich das Pumpernickel-Porter zu Matjes und gebuttertem Pumpernickel gemütlich daheim. Lecker! Es ist schon ein großes Glück, die beschriebenen Biere probieren zu müssen und sich dazu die passenden Gelegenheiten auszudenken.

Wer mehr über historische
Bierstile, Überwasser-Alt,
Pumpernickel-Porter,
Champagner-Roggen,
innovative Braukreationen
und Bezugsquellen wissen
möchte, sollte unbedingt
Philipp Overberg kontaktieren.
Der enthusiastische Haus-
brauer bietet unter anderem
Degustationsseminare und
Braukurse an. Es wäre doch
schön zu lernen, das eigene
Bier bei sich zu Hause
brauen zu können.

KONTAKT

DIECKMANN GMBH & CO. KG
Isendorf 49
48282 Emsdetten
www.restaurant-dieckmann.de
www.isendorfer.de

RESTAURANT &
ISENDORFER HAUSBRAUEREI DIECKMANN

Familie Dieckmann

„Ich hatte fast vergessen, wie schön es hier ist." Von diesem Empfinden erzählte mir Dirk Dieckmann.
Der Journalist kündigte seine Arbeit als Pressesprecher in Düsseldorf und ging nach Hause, nach Emsdetten,
als sein Bruder Andre ihn um Unterstützung für den gut laufenden Familienbetrieb bat.

Jetzt ist Arbeitsteilung angesagt. Andre Dieckmann, Brau -und Malzmeister, kümmert sich um die Seele
der Brauerei, darum, dass das Bier läuft und so herrlich schmeckt, außerdem um alles Handwerkliche.
Seine Freundin Edith leitet das Restaurant. Bruder Dirk ist verantwortlich für Organisation und Marketing.
Zusammen mit seiner Schwester Silke sind sie Bier-Sommeliere. Mutter Rita ist die Hüterin der Familien-
rezepte und Vater Werner der Logistiker. Ein Familienbetrieb wie aus dem Bilderbuch.

Es war am ersten sonnigen und warmen Tag im April und der Biergarten mit vielen zufriedenen Gästen gefüllt. Einige, sie prosteten mir zu, erzählten mir, dass sie vor ihrem Einkehrschwung schon eine tolle Radtour an der Ems entlang gemacht hatten und jetzt die Ruhe und Harmonie genossen. Und natürlich das Bier, eine Kiste sollte später noch ins Auto wandern.

TIPP

Ich habe gehört, dass es unweit des Hofes den vermutlich einzigen Fährmann gibt. Er soll ab Mai seine Gäste samstags und sonntags nach alter Tradition übersetzen.

Blattsalate mit Braumalz

5 Personen

1 Kopf Lollo Rosso, 1 Kopf Friesée Salat, 250 g Rucola, 1 TL helles Braumalz,
2 Orangen, filetiert, 200 g Erdbeeren, geputzt

Bierdressing

für ca. 1,3 Liter: 330 ml Bier, Brauartium Red Ale oder Pale Ale, 120 ml Orangensaft, frisch gepresst,
1 L Rapsöl, 30 g Senf, mittelscharf, 5 g Salz, 4 g Cayenne Pfeffer, 20 g Zucker

*Alle Zutaten abmessen. Das Öl an die Seite stellen. Nach dem Mischen der anderen Zutaten
im Mixer, lässt man das Öl in einem dünnen Faden langsam rein laufen.
So entsteht eine schöne Emulsion, die kühl gelagert werden muss.*

Marinierter Fetakäse

400 g Feta, 1 gr. Zweig Thymian, 2-3 Zweige Zitronen oder Orangenthymian, 1 gr. Zweig Basilkum,
1 kl. Knoblauchzehe, 100 ml gutes Olivenöl, bunter Pfeffer, geschrotet oder frisch gemahlen aus der Mühle

*Den Fetakäse in grobe Würfel schneiden und in eine Schüssel geben. Die Kräuter waschen und zupfen.
Rosmarin und Thymian fein hacken, den Basilikum in feine Streifen schneiden, den Knoblauch schälen und
hacken. Alles über den Feta geben, pfeffern und mit dem Löffel vorsichtig umrühren. Dabei das Olivenöl
einträufeln. Die Mischung mindestens 1 Stunde ziehen lassen.*

*Alle Salate waschen und in einer Salatschleuder trocknen. Den Lollo Rosso in eine Schüssel zupfen, den
Friesée klein schneiden und mit dem Rucola dazugeben. Mit dem Bierdressing (Menge nach Geschmack)
marinieren und auf einem Teller anrichten. Den Käse auf dem Salat verteilen und das Braumalz darüber
streuen. Mit Erdbeeren und Orangenscheiben garnieren. Dazu kann ein kräftiges
Land- oder Zwiebelbrot gereicht werden.*

Die Zutaten für das fantastische Zwiebelbrot konnte ich Fr. Dieckmann nicht entlocken, denn das Rezept ist seit Jahren Familienwissen und geheim.

Deshalb, hinfahren und genießen...

Was hat westfälisches Brauhandwerk mit Namen wie: Red Ale, Stout, Rauchbier, oder Pale Ale zu tun? Wer oder was sind Chinook, Simcoe, Spalter Select, Fuggle und Steirer Goldings?
Ganz einfach. Hier ist der Craftbier Brauer mit seinen Ingredienzen am Werk. Exotische Hopfen und Malzsorten aus aller Welt sind Grundlage für Vielfältigkeit. „Craft" kommt aus den USA, bedeutet Handwerk und gibt den Brauereien die Chance, Braukunst, Braukultur und Biervielfalt wieder stärker in den Mittelpunkt zu rücken.

Die Wertigkeit des Genussmittels Bier zu steigern ist auch das Anliegen der Isendorfer Brauerei. Wenn dann noch kristallklares Wasser aus der Ur-Emsrinne dazu kommt, ist die Liaison perfekt. Dieckmanns nennen das dann „Brauartium", ihre Craftbierlinie.

———————

„Selber machen, handwerklich
arbeiten zu dürfen, kann ein tiefes
schöpferisches Empfinden sein.
Man kann sein Ergebnis direkt
begutachten und im Falle von
Speisen und Getränken einen
unmittelbaren sensorischen
Genuss bereiten."

49

KONTAKT

BRUST ODER KEULE
Melcherstraße 32
48149 Münster

www.brustoderkeule.de

BRUST ODER KEULE

Bernd Ahlert

Mitten im Wohngebiet, in einem schönen Eckhaus, entdeckte ich das Restaurant „Brust oder Keule“. Ich hatte es auf den ersten Blick gar nicht wahrgenommen, musste sogar beim gegenüberliegenden Antiquitätengeschäft ins Schaufenster steigen, um ein Foto mit dieser Ansicht machen zu können. Was tue ich nicht alles für ein passendes Bild. Danke dem netten Nachbarn.

Keller ist cool! Das war mein erster Gedanke, als ich die Räume von „Brust oder Keule" betrat, und ich war überrascht von dem etwas anderen Ambiente. Viele Regale mit Flaschen und Kisten erinnerten mich zuerst an einen gut sortierten Weinhandel. Schade, dass mein Auto vor der Tür steht. Die Exkursion durch die Weinregale muss ich wohl verschieben.

Bernd Ahlert, der Gastgeber begrüßte mich herzlich. Mit einer einladenden Handbewegung und blitzenden Augen war er sofort präsent. Er erzählte mir von der Namensgebung, der Anlehnung an die Kultkomödie mit Louis de Funes aus den 70er Jahren. Deshalb vielleicht die Kappe auf seinem Kopf? Ich kenne den Film um einen Restaurantkritiker, der in verschiedenen Verkleidungen Lokale aufsucht und bewertet, und der futuristische Küchen findet, in denen kleine Hähnchen maschinell hergestellt werden.
Eine Szene ist mir besonders im Gedächtnis geblieben, nämlich die, in der er in einer Küche mit der Waffe bedroht und gezwungen wird Unmengen von Würsten und Sauerkraut zu essen.

Beim zweiten Hinschauen entdeckte ich dann den Gastraum. Ein schöner Holzboden, puristisch eingedeckte Tische, ein warmes Licht, stilvoll reduziert, einfach stimmig.

Die Gedanken daran verflogen rasch, als mir Bernd Ahlert mit verschmitztem Lächeln ein Glas Chardonnay des Weingutes Thörle aus Rheinhessen anbot. Er erzählte mir, dass dieses Weingut bei Staatsbesuchen der Queen in Deutschland seinen Wein liefert. Und was die Queen trinkt... Riechen, schwenken, schauen und schmecken, alles in Ruhe und mit Genuss, angeleitet durch einen Fachmann. Ich war angetan von der Mischung aus Präsenz, Aufmerksamkeit und Gelassenheit. Die Leidenschaft für Wein und Genuss war jederzeit spürbar.

Bernd Ahlert

ist als Quereinsteiger in die Gastronomie gekommen. Jura und Journalismus waren seine ersten Stationen. Mit einem modernen Konzept und viel Idealismus eröffnete er vor sieben Jahren dieses Restaurant. Neu damals, dass ein Drittel der Speisen vegetarisch waren. Die lockere Atmosphäre, in der der Gast zwanglos die feine Küche genießen kann, nennt man heute „Casual Fine Dining". Bei Bernd Ahlert gibt es das schon länger. Sein Konzept von damals und die Produktqualität sind heute noch identisch, mit dem Wunsch gepaart, immer noch ein Schüppchen draufzulegen und noch besser zu werden.

Nordsee Steinbutt
mit dreierlei Blumenkohl
& Noilly Prat Schaum

4 Personen

---

600 g Steinbutt (wunderbar sind die Filets von richtig großen Fischen,
die mehr als 8 kg Gewicht haben, wie hier von einem 12 kg schweren Steinbutt),
1 Blumenkohl (mit Grün), 100 g Butter, 2 EL Tomatenwürfel,
3 EL Brunoise (Gemüsewürfel von Möhre, Sellerie und Lauch, ca. 1-2 mm),
50 ml Fischfond (vorzugsweise vom Steinbutt selbst), 50 ml Sahne,
1 EL crème fraîche, 1 cl Noilly Prat,
Kräuter für die Garnitur, hier wilde Bachkresse, Estragon auch möglich,
Salz, Zucker, Pfeffer und Muskat,
neutrales Öl

Steinbuttfilets portionieren und kalt stellen.
Beim Blumenkohl Strunk und Blätter entfernen und
diese aufbewahren. Die Röschen von einem Drittel
des Kohls lösen. Vom Rest mit einem Sparschäler oder
scharfen Messer ca. 1 mm kleine Stückchen abschälen.
So erhält man „Blumenkohlcouscous".

50 g Butter in einem Topf schmelzen, die Reste des
Kohls in kleine Stücke schneiden, hinzugeben,
mit Salz, Pfeffer, Zucker und Muskat würzen und mit
etwas Wasser weich dünsten.
Mit dem Zauberstab und 25 g Butter pürieren.
Die Röschen in Öl goldbraun anrösten,
mit Salz, Pfeffer, Zucker und Muskat würzen,
die Tomatenwürfel dazugeben.

Den „Couscous" mit ein wenig Wasser,
25 g Butter und den Gemüsewürfeln in einem Topf
erwärmen, etwas Blattgrün des Kohls in kleine,
feine Streifen schneiden und dann hinzufügen.
Steinbutt salzen, pfeffern und dann 2-3 Minuten,
je nach Dicke des Fisches, in Öl anbraten. Nicht zu
lange, der Fisch sollte in der Mitte noch glasig sein.
Fischfond mit Sahne, crème fraîche 10 Minuten
köcheln lassen, Noilly Prat dazugeben und
abschmecken.

Alles zusammen anrichten, die Sauce aufschäumen
und mit den Kräutern ausgarnieren.

Tipp:

Ras el-Hanout oder
Cumin sind Gewürze,
die wunderbar zum
Couscous passen und ganz
dezent dazu verwendet
werden können.

BRUNOISE?
Brunoise ist der Fachbegriff für
eine beim Kochen verwendete
Schneideart von Gemüse.

Weinempfehlung:
2011 er Siefersheimer Riesling Porphyr,
Weingut Wagner/ Stempel, Rheinhessen

*„Immer ein paar Handgriffe
fürs Feine mehr, als üblich."*

Frederik Packwitz

In der Küche lernte ich dann Frederik Packwitz kennen, der Herr über Töpfe und Pfannen. Hochkonzentriert ging er zu Werke, regionale Produkte, perfekt und innovativ zubereitet. Jeder Handgriff saß. Die verschiedenen Aromen der Gerichte beglückten meine Nase und die wunderschön filigran angerichteten Teller begeisterten meine Kamera.

Es war eine Freude, ihn zu beobachten. Was mir besonders auffiel war die herzliche, kollegiale Atmosphäre, das Arbeiten Hand in Hand. „Ja", lachte Bernd Ahlert „wir verbringen hier ja auch mehr Zeit miteinander, als mit unseren Familien." Die Mischung aus Perfektion, Freude und Gelassenheit hat mich überzeugt und ich weiß, dass ich mich hier als Gast immer wieder wohlfühlen werde.

Das Limburger Klosterschwein gehört zu den alten Rassen und wird nur mit Getreide gefüttert.

Zweierlei vom Limburger Klosterschwein

4 Personen

Geschmortes Bäckchen vom Limburger Klosterschwein

4 Schweinebäckchen, 200 g Röstgemüse (Sellerie, Zwiebel, Möhre und Lauch zu gleichen Teilen), 500 ml Rotwein, 1,5 l Brühe zum Angießen, 1 EL Tomatenmark, 1 Lorbeerblatt, 1 Sternanis, 1 Zweig Rosmarin, 1 Zweig Thymian, Salz, Pfeffer, Öl zum Anbraten

Die Bäckchen salzen und pfeffern und in Öl anbraten. Das Gemüse in haselnussgroße Stückchen schneiden und rösten, bis es Farbe hat, das Tomatenmark kurz mitrösten. Mit dem Rotwein mehrmals ablösen, Gewürze hinzugeben und mit Brühe auffüllen, immer mal wieder nachfüllen. Ca. 2-2,5 Stunden schmoren. (Tipp: 18 Stunden bei 75°C) Bäckchen herausnehmen, Sauce passieren und reduzieren.

Presa vom Limburger Klosterschwein

600 g Presa (Kernstück aus dem Nacken, eignet sich sehr gut zum Grillen), Salz, Pfeffer, Öl zum Anbraten

Die Presa salzen und pfeffern und in einer sehr heißen Pfanne rundherum anbraten. Bei 165°C im Ofen für 6-8 Minuten garen und dann ruhen lassen. Kurz vor dem Anrichten aufschneiden.

Erbsenpüree
400 g Erbsen (TK Erbsen eignen sich gut dafür), 100 g Butter,
2 Schalotten, 50 ml Brühe, Salz, Pfeffer, Zucker, Macis (Muskatblüte)

Butter im Topf zerlassen, Schalotten grob würfeln und glasig dünsten. Erbsen, Brühe und Gewürze dazugeben, 5 Min. kochen lassen. In der Küchenmaschine pürieren und durch ein feines Sieb passieren.

Dicke Bohnen
2 kg dicke Bohnen in der Schote, 1 Schalotte, 1 EL Butter, Salz, Pfeffer,
Muskat, etwas Bohnenkraut

Dicke Bohnen aus der Schote pulen, kurz in kochendem Wasser blanchieren, abschrecken und von der Haut befreien (döppen). Kleingeschnittene Schalotte in der Butter anschwitzen, Bohnen dazugeben und mit den Gewürzen und dem Bohnenkraut abschmecken.

Pilzschaum
50 g Pfifferlinge, 2 Schalotten, 1/2 Knoblauchzehe, 100 ml Sahne, 2 EL crème fraîche,
1 EL Butter, 50 ml Brühe, 1 cl Cognac, Salz, Pfeffer, Zucker,
1 Spritzer Zitronensaft.

Die Pilze in Öl anbraten, die klein geschnittenen Schalotten dazugeben, mit Cognac ablöschen, Brühe, Sahne, crème fraîche, Butter und Gewürze dazugeben. 1 Mal aufkochen und 5 Min. weiter köcheln lassen. Pürieren und durch ein feines Sieb passieren. Nochmals abschmecken und mit Zitronensaft verfeinern. Aufmixen.

Gebratene Pfifferlinge
100 g Pfifferlinge, 1 EL Butter, 1 Schalotte, Salz, Pfeffer, Zucker,
1 Spritzer Zitronensaft, etwas Öl zum Braten.

Pilze in Öl anbraten, dann die kleingeschnittenen Schalotten dazugeben und glasig dünsten. Butter und Gewürze hinzufügen und mit Zitronensaft abschmecken.

Die Bäckchen auf das Erbsenpüree und die aufgeschnittene Presa auf den Bohnen anrichten. Pfifferlinge dazugeben und mit Schaum benetzen.

Weinempfehlung:
2011 er Portugieser „R",
Weingut Thörle, Rheinhessen

ROESTBAR

Sandra Götting & Mario Joka

Meine erste Tasse Kaffee in der roestbar, mit der Hand aufgebrüht, genoss ich in der Martinistraße, kuschelig an die warme Hauswand gelehnt. Das historische Haus mit der großen Linde davor, den leuchtend gelben Stühlen und den geöffneten Fenstern, es hatte mich eingeladen.

Wohlfühlatmosphäre, modernes Mobiliar in kleinen Räumen, ein dunkles, heimeliges Blau an den Wänden, was so wunderbar mit den alten Balken harmoniert. Der Duft von frisch gemahlenem und aufgebrühtem Kaffee lag in der Luft und auf der Theke eine kleine Ansammlung von Köstlichkeiten. Zeit für eine süße Pause!

TIPP

RAL 5008
Wichtig für diejenigen, die diesen Farbton für ihr Zuhause haben möchten.

EINE HEISSE
DRÖHNUNG

Zum Plaudern setzte ich mich zu Stammgast Jostes, so darf ich ihn nennen. Jeden Tag und das seit Jahren sitzt er hier in der gemütlichen Ecke, liest seine Zeitung und trinkt seine „Dröhnung". Ohne die hätte er Entzugserscheinungen. 80%ige französische Schokolade von Bonnat aus Voiron wird vom Block geraspelt und in „einem alchimistischen Akt", so Jostes, langsam aufgelöst. Mit heißer Milch für ihn der tägliche Hochgenuss.

———————

„Sie atmen Kaffee"

*Dieses Zitat habe ich mehrfach gehört. Vielleicht ist das der Schlüssel zu
dieser Münsteraner Erfolgsgeschichte. Mario Joka ist von Beruf Kaufmann
und Tischler und Sandra Götting Optikerin. Die Liebe zum Kaffee
entdeckten die beiden in Hamburg bei einer Rohkaffeeverkostung.
Ich behaupte mal, sie wurden infiziert, denn warum sonst hätten sie sich
eine kleine Röstmaschine in die Küche gestellt. Von da an ließ der Kaffee
sie nicht mehr los. Sie lernten, probierten aus und fanden erste Liebhaber
für ihre Kreationen.*

In Hamburg, am Berliner Ufer auf einem Hausboot, tüftelten sie nächtelang mit ihren Freunden Carsten und Bea an Konzept und Namen und – dabei wurde nicht nur Kaffee getrunken.

Am 9. Oktober 2003 begann für die beiden Münsteraner ein neuer, aufregender Lebensabschnitt. Heute leiten sie 4 Cafés mit 65 Angestellten, arbeiten mit Herzblut, geben ihre Begeisterung weiter und strahlen um die Wette. Jedes Jahr fahren sie drei Mal in die unterschiedlichen Herkunftsländer, in die Regenwälder Südamerikas, in die mystischen Gegenden Asiens und zu den fruchtbaren afrikanischen Hochtälern. Hier finden der nachhaltige Anbau, der Austausch und der faire Handel mit den Kaffeebauern statt und immer gibt es, wie beim Wein, einen neuen, anderen spannenden Jahrgang.

NEUE VERKAUFSSTELLE

Seit Juni 2016.
ROESTBAR DOMGASSE
Am Drubbel 1-2
48143 Münster

ROESTBAR *Bohlweg*

Erna Tosberg ist Archäologin und hängte ihre Promotion an den Nagel, als sie ihre Kaffeeleidenschaft entdeckte und diese zum Beruf machte. Sie ist international erfolgreich und gibt Barista Schulungen im Bohlweg. Wer also über Mahlgrad, Wasserqualität und Zubereitung lernen möchte, ist bei ihr richtig.

Ich mag es, wenn ich die Geschichte kenne, die hinter dem Kaffee steht. Geschmacklich lasse ich mich gern überraschen.

— Erna Tosberg

Deutsche
BARISTA
MEISTERIN
2015 *Erna Tosberg*

Kaffee mahlen und zubereiten hat ja durchaus etwas Sinnliches. Kaffee rösten auch, nur riecht es dabei nicht so lecker. Das fiel mir auf, als ich das erste Mal im Bohlweg die Rösterei besuchte. Lagerfeuer, Cowboys und ein verbranntes Bohnengericht – mein erster Gedanke. Erst wenn die Kaffeebohnen geröstet und abgekühlt sind, lässt sich der spätere Duft erahnen.

Von hier aus gehen die Bohnen auf Reisen zu den erwartungsvollen Kunden und in die eigenen Cafés. Jede Lokalität hat ihren eigenen Charakter. In der Nordstraße sieht man noch das alte Rohr der Röstmaschine, in der Brüderstraße befindet sich die Backstube, und zu dem Kaffeeduft gesellt sich das köstliche Aroma frisch gebackenen Kuchens. Das Café am Bohlweg ist gradlinig und stylisch. Eines aber haben alle gemeinsam, überall wurde ich mit einem Lächeln empfangen und mein Kaffee liebevoll zubereitet. Munteres Stimmengewirr oder leise Gespräche, je nach Bar – ich habe es genossen und mich wohlgefühlt und werde mir zwischendurch immer Zeit nehmen, einen Espresso, Cocktail oder frisch aufgebrühten Kaffee zu trinken.

Kaffeeschule

Wollen Sie alles über Kaffee erfahren,
seine Geschichte, den Anbau,
die Aufbereitung, das Rösten und
natürlich die Zubereitung.

Kursangebote finden Sie
unter
KAFFEESCHULE-MUENSTER.DE

DEUTSCHE RÖSTERGILDE
CERTIFIZIERT.DE

*Adele ist die Chefin des Hauses.
Wenn sie nicht läuft, werden alle
Jungs nervös.*

Vitor de Sousa

ROESTBAR BOHLWEG, Münster

Im Mittelpunkt hier steht Adele, die Röstmaschine und die Seele des Hauses,
benannt nach der Haushälterin von Marios Großmutter.
Vitor de Sousa ist Röstprofi und der Mann an der Seite von Adele. Schonende Trommelröstung,
viel Fingerspitzengefühl, Röstzeiten nicht unter 12 Minuten, Temperaturen nicht über 240 Grad
und eine natürliche Abkühlung bei frischer Luft. Das ist das Reinheitsgebot für die Mitglieder
der Röstergilde. Jeder Kaffee hat ein anderes Röstprofil, wichtig sind Außentemperaturen
und Luftdruck – eine Wissenschaft für sich.

———————

ROESTBAR
ERPHO

Brüderstr. 31
48145 Münster
www.roestbar.de

Bananenbrot

Kastenform 24 cm

75 g weiche Butter
4 reife Bananen
200 g brauner Zucker
1 Ei
1 Vanilleschote
1 TL Backpulver
1 Prise Salz
170 g Mehl

Die Bananen klein schneiden, mit der Gabel zerdrücken
und mit dem braunen Zucker vermischen.
Dann das Ei und die ausgelöste Vanille hinzugeben.
Das Mehl mit dem Backpulver und der Prise Salz
vermengen und zu dem Rest des Teiges geben.
Alles zu einer geschmeidigen Masse verarbeiten
und diese in die gefettete Kastenform füllen (24 cm).
Bei 180°C 1 Stunde backen.

Maren Grassau

Konditormeisterin

Espresso Tonic

2-3 Eiswürfel
200 ml Tonic (Fever Tree)
35 ml Espresso

Glas: Weinglas

*In ein gekühltes
Weißweinglas
2-3 Eiswürfel füllen,
dann das Tonic dazu geben.
Die Eiswürfel kommen
automatisch nach oben.
Auf diese langsam den
Espresso gießen. Dieser kühlt
dabei so schnell ab,
dass es zu einer
Zweischichtung kommt.
Die Kohlensäure lässt die
Espresso Crema wie ein
Schaummäntelchen auf den
Eiswürfeln liegen.*

ROESTBAR
KREUZVIERTEL
Nordstraße 2
48149 Münster
www.roestbar.de

KONTAKT

GABRIEL'S IM KAISERHOF
GOURMET 1895
Bahnhofstraße 14
48143 Münster
www.kaiserhof-muenster.de

GABRIEL'S IM KAISERHOF
& GOURMET 1895

Anja und Kay Fenneberg, Chefkoch des Hauses André Skupin

Wer das erste Mal das Hotel Kaiserhof mit den beiden Restaurants Gabriel's und Gourmet 1895 betritt,
taucht in eine andere Welt ein. Ich hatte mir das gewünscht und was ich sah, war ein elegantes Ambiente
in wohltuenden Farben mit ausgesuchter, dezenter Dekoration. Ich hörte leise gespielte Musik
und wurde von den Damen des Service herzlich willkommen geheißen.

Seit dem 1. Januar 2014 führen Anja und Kay Fenneberg das traditionsreiche Privathotel „Kaiserhof".
Bedingungsloses Engagement für individuelle Gastlichkeit mit Herz ist die Philosophie der beiden Gastgeber,
die sich mit dem gesamten Team an jedem neuen Tag auf ihre Gäste freuen. Diese werden in allen Bereichen
des Hotels verwöhnt und umsorgt und bräuchten diese Wohlfühloase, während ihres Aufenthaltes in Münster,
eigentlich gar nicht verlassen. Mein Eindruck - Wünsche werden schon erfüllt, bevor sie geäußert werden und
ganz wichtig - hier ist der Gast nicht König sondern Kaiser.

„Der „Oldschool" Begriff
Dienstleistung erfährt hier
Renaissance und wird
mit Begeisterung zelebriert."

Anja Fenneberg

Empfangen wird der Gast im Gabriel's auch durch das raumhohe Mosaik des Erzengels Gabriel, dem Namensgeber des Restaurants. Dieser Erzengel besänftigt den Geist und nährt die Seele. Sehr passend, finde ich. Er repräsentiert außerdem das Licht: seine Flügel streiften einst den Mond und verwandelten das feurige Gold in kühles Silber. So las ich es vor einiger Zeit in einem alten kleinen Heftchen. In diesen Räumen hier ist ihm das Gott sei Dank nicht ganz gelungen. Denn die blattvergoldete Bar, die leicht güldenen Wände, gepaart mit den klaren Linien des Mobiliars und gezielt eingesetzte Kunstobjekte erzeugen Extravaganz. Klassisch und saisonal frisch wird hier internationale Küche von Küchenchef André Skupin angeboten.

Der Anblick dieser imposanten italienischen Schwungradmaschine lässt nicht nur designbegeisterte Herzen höher schlagen. Es ist die ausgeklügelte Technik des kalten Schnitts, die dank der richtig eingesetzten Hebelkräfte und der korrekten Geschwindigkeit den Schinken mühelos durch das Messer gleiten lässt. Diese hauchdünne Köstlichkeit ist täglich im „Gabriel's" als Appetizer zu genießen.

Im Restaurant Gourmet 1895, benannt nach dem Gründungsjahr des „Hotel Kaiserhof", setzt sich dieses Interieur fort. Hier verwöhnen Sternekoch André Skupin und sein Team die Gäste mit exquisiten Gourmet-Menüs auf hohem Niveau. Seit 2008 ist er der Herr über Töpfe und Pfannen und erkochte sich erstmals im November 2012 einen Stern, den er seitdem vier Mal bestätigt hat, übrigens der einzige Stern über Münster, ob gülden oder silbern, das weiß nur der Erzengel Gabriel.

A. Skupin

Tipp. *Wer dem Sternekoch über die Schulter sehen möchte, kann Kochkurse und Gourmet-Kochkurse buchen und ein bisschen Sternenstaub mit nach Hause nehmen.*

Auf „Mopane" Holz angerichtet sind
diese fünf kleinen Köstlichkeiten,
die im „Gourmet 1895" zum Aperitif
gereicht werden.

*Was treibt einen Koch an, Koch zu werden? Bei André Skupin war eine Nonne schuld. Im Kindergarten führte
sie zwei Jungs zum Spielen zusammen. André Skupin und Christian Feldmann wurden Freunde und landeten
nach dem Spielen oft in der Küche des „Hotel Feldmann". Dort schnupperten die beiden die erste gastronomische
Luft. Sie durften zuschauen oder schon mal selbst etwas kochen. Man könnte sagen: dort wurde Kochleidenschaft
geweckt. Noch heute sind die beiden Jungs befreundet.*

André Skupin lernte erst gutbürgerlich kochen, bevor er in ganz Deutschland auf Wanderküche ging.
Das Stahlbad in Baden-Baden, der Schlossberg in Nennich, Schloss Wilkinghege, oder der Hof zu Linde
waren einige seiner Stationen. Der Abstand zu seiner Heimatstadt Münster wurde immer geringer,
und hier im „Hotel Kaiserhof" begann seine Erfolgsgeschichte endgültig.
„Kreativität kann man lernen und Kreativität ist für mich Geschmack gepaart mit Optik und Ambiente".
Unterstützt wird dieser Prozess jeden Tag aufs Neue durch exklusive, frisch gelieferte Ware, wie beispiels-
weise eine geangelte Scholle. Die Fische des Meeres oder der Flüsse liegen ihm am Herzen, nicht umsonst
hat André Skupin die Fischküche bei Maaßen in Düsseldorf perfektioniert. Jetzt verarbeitet er hervor-
ragende Produkte zu einzigartigen Gerichten.

WEINEMPFEHLUNG

Sauvignon Blanc 2014,
Steirisches Weingut Gross

Kaisergranat, Blumenkohl und grüner Curry

4 Personen

Blumenkohl

1/4 Blumenkohl, 2 EL Mirin (süßer Reiswein), 2 EL Limonen-Olivenöl,
1 EL Traubenkernöl, Salz, Cayenne

Die Röschen des Blumenkohls auf der Mandoline (Küchenreibe)
zu sehr feinem Grieß reiben, mit den restlichen Zutaten vermischen und abschmecken.
Zum Anrichten in einen Ring drücken.

Tamarindengel

50 g Tamarindenpaste, 100 g Mineralwasser, Essig, Salz

Die Tamarindenpaste mit dem Mineralwasser in einem Topf zum Kochen bringen und
für eine halbe Stunde ziehen lassen. Passieren und mit Salz und Essig abschmecken.
Das Gel sollte sehr sauer sein. Mit dem Stabmixer glatt arbeiten,
in eine Quetschflasche geben und kalt stellen.

Curry Eis

1/4 Banane, 1 Granny Smith, 1/2 Karotte, 1 EL grüne Currypaste,
1 EL Currypulver, 1 Dose Kokosmilch, 2 Stangen Zitronengras, 1 kl. Stück Sellerie,
Salz, 1 Kafirblatt, 1 l Hühnerfond, 1 EL geröstetes Sesamöl, 500 ml Sahne, 12 Eigelbe

Obst und Gemüse klein schneiden und in etwas Sesamöl anschwitzen,
Currypaste und Pulver kurz mitschwitzen und mit Kokosmilch und Brühe auffüllen.
Bei geringer Temperatur leise köcheln lassen und nach 45 Minuten passieren.
500 ml Curryfond sollten übrigbleiben. Diesen auf 82°C abkühlen lassen und mit der Sahne
und den Eigelben zu einer Rose abziehen. Die Masse in der Sorbetière abfrieren.

---

6 Kaisergranat, 1 Prise Garam Masala

Den rohen Kaisergranat vorsichtig ausbrechen. 4 Stück werden mit einem
Küchenbunsenbrenner von allen Seiten geröstet und auf den Blumenkohl platziert.
2 Stück werden zu einem feinen Tatar geschnitten, mit einer Prise Garam Masala
gewürzt und zu Nocken geformt neben den gerösteten Granat gelegt. Das Tamarindengel aufspritzen
und mit Koriander und roter Shisokresse garnieren. Das Eis dazugeben. Als Garnitur eignen sich
eingelegte Radieschen, Buchenpilze und ein Hummerchip (Alternative: Kroepoek).

WEINEMPFEHLUNG

Grauburgunder Q Sonett 2
Weingut Dr. Heger

Geflügel aus der Bresse, Blumenkohl und Gänseleber

4 Personen

1 Schwarzfederhuhn aus der Bresse
Marinade: 50 g Karotte, 50 g Sellerie, 200 g Zwiebeln, 6 Knoblauchzehen, 1 Zweig Rosmarin / Thymian,
10 Wacholderbeeren, 1 Blatt Lorbeer, 20 schwarze Pfefferkörner, 500 ml trockener Rotwein,
100 ml Madeira, 100 ml roter Portwein, 1 l Wasser, 1 TL Salz, 2 EL Tomatenmark zum Anbraten

Das Huhn auslösen, die Keulen, Flügel und die Karkassen in der Marinade für 3 Tage einlegen.
Die Brust nicht, sie wird später in der Pfanne angebraten und im Ofen weitergegart.
Die Fleischstücke sowie die Karkassen aus dem Sud nehmen, trocken tupfen
und in etwas Öl anbraten, dann aus dem Bräter nehmen. Mit 2 EL Tomatenmark tomatisieren
und mit 20 % der Marinade ablöschen. Den Ansatz reduzieren, bis die Zuckerstoffe leicht anfangen zu
karamellisieren. Den Vorgang zweimal wiederholen. Den Rest der Marinade und
die Fleischstücke dazugeben. Diese müssen zu 2/3 in der Flüssigkeit liegen.
Mit Deckel bei 150 °C Umluft im Ofen für 1 Stunde garen.
Das Fleisch ausstechen, die Sauce passieren und mit etwas Stärke binden.

Roh marinierte Gänseleber
200 g Gänseleber, 1 Spritzer roter und weißer Portwein, Noilly Prat, Madeira und Calvados
sowie Pökelsalz, Zucker und Pfeffer

Die Gänseleber putzen und mit den Zutaten abschmecken. Kurz bei 50°C im Ofen erwärmen. In Klarsichtfolie
einrollen und kalt stellen. Kurz vor dem Servieren in Scheiben schneiden und aus der Folie nehmen.

Brioche
500 g Mehl, 50 g Zucker, 12 g Salz, 70 - 80 ml Wasser,
20 g Hefe, 240 g Vollei, 250 g Salzbutter

Alle Zutaten, außer der Butter, zu einem elastischen Teig kneten.
Die Butter dazugeben, zu einem glatten Teig weiterkneten. Den Teig gehen lassen bis sich sein Volumen
verdoppelt hat, dann kaltstellen. Anschließend in eine gebutterte Briocheform geben und noch einmal gehen
lassen. Bei 200°C ca. 35 Minuten backen. Danach abkühlen lassen.
Das Brioche in dünne Scheiben schneiden und im Ofen bei 150°C knusprig nachbacken.
Diesen Chip als knuspriges Element auf die Leber setzen.

Gelee von Süßwein
200 ml Sauternes, 1 g Agar Agar

Beide Zutaten aufkochen und kaltstellen.
Nach dem Erstarren im Mixer fein pürieren und in einer Quetschflasche aufbewahren.
Das Gelee als Punkte auf den Briochecroûton geben.

Blumenkohl
¼ Blumenkohl in stark gesalzenem Wasser mit einem Stück Sternanis und einem
Schuss Milch weich garen. Einige Röschen beiseitestellen. Den Rest im Mixer fein pürieren.
In eine Quetschflasche geben.

Wachtelei
4 Wachteleier, Kräuter, Mie de Pain (fein geriebenes frisches Weißbrot)

Die Wachteleier 2 Minuten kochen und abschrecken.
Pellen und in Kräutern und Mie de Pain panieren. In tiefem Fett 1 Minute lang ausbacken,
abtropfen lassen auf etwas fein gehobelten Parmesan setzen und mit diesem bestreuen.
Alles zusammen mit der gebratenen, in Stücke geschnittenen Hühnerbrust anrichten.

BRENNEREI EHRINGHAUSEN

Theres & Georg Glitz-Ehringhausen

Nun hatte ich wirklich überlegt, ob Werne zum Münsterland gehört – tut es! Jedenfalls war ich auf dem Weg dorthin, um die Brennerei Ehringhausen zu besuchen, deren wunderbaren Zitronengeist ich schon im Oerschen Hof probieren durfte.

Die roten Backsteingebäude sehen aus wie gemalt und sind typisch westfälisch. Die Anordnung des Hofes wirkt gradlinig und gewachsen, und ich spüre die lange Tradition, die man 700 Jahre zurückverfolgen kann. Die Geschichte des Hofes ist eng mit der Stadt Werne verbunden. Liebevoll arrangierte Kübel mit Buchsbäumen und Hortensien schmücken den kiesbedeckten Innenhof. Die Idylle wird durch weidende Pferde noch ergänzt.

Theres & Georg.

Die Kornbrennerei des Hofes wurde 1962 errichtet und 30 Jahre später die Produktion auf biologische Basis umgewandelt.
Seit 2012 führen Georg und Theres Glitz-Ehringhausen das Handwerk in bewährter Tradition und mit innovativen Ideen
weiter. Als Kinder hatten sie schon Etiketten geklebt und durften beim Abfüllen helfen. Obwohl er Landwirtschaft und sie
Modedesign studiert haben, wussten sie eines Tages: „Das geht doch gar nicht anders. Das machen wir jetzt."

„Korn ist für uns mehr
als eine regionale Spezialität.
Korn ist unsere Inspiration."

Georg Glitz-Ehringhausen

Die Besichtigung der Brennerei war spannend für alle Sinne. Getreidemühlen, Maischebottiche, Destillationsapparate, die mich irgendwie an U-Boote erinnerten. Ich konnte es förmlich zischen und brodeln hören. Der Duft nach Kräutern, die in vielen Glasgefäßen aufbewahrt werden, war sehr intensiv. Die Begeisterung von Georg, als er von seiner Arbeit, seiner Passion erzählte, war ihm im Gesicht abzulesen. Hier wird mit Herz gebrannt.

BÜRO &
SHOWROOM

*Die ehemalige Kornkammer, stylisch,
modern und einladend.*

Das Büro ist gleichzeitig auch der Showroom. Durch seine lichtdurchflutete Helligkeit fühlte ich mich nach Grasse versetzt, in die Räume einer Parfum Manufaktur. Die alten Balken sind noch zu sehen und der Boden ist original erhalten.
In den Regalen stehen die Erzeugnisse der Familie Ehringhausen, die Flaschen eine Augenweide für jede Bar.

Der lange Holztisch lädt die Besucher ein, ist aber auch jedes Jahr Verarbeitungsort der berühmten sizilianischen Zitronen, die hier hauchdünn von Hand geschält werden. Sie geben dem traditionell verarbeiteten Geist Leichtigkeit und Sommerfrische.
Zur letzten Saison verloren 9000 Zitronen ihre Schale. Auch ihr Fruchtfleisch wurde verarbeitet und befreundete Konditoren veredelten damit ihre Torten.

Ich habe bei meinem Besuch gelernt, dass man den Zitronengeist auch prüfen kann, ohne ihn zu trinken. Das geht? Ja. Theres gab mir einige Tropfen davon auf die Handfläche. Einmal kräftig die Hände gerieben, bis der Alkohol verflog und zurück blieb das volle Aroma des Geistes. Wow! Ein Tröpfchen hinters Ohr geht übrigens auch – sehr erfrischend, hält aber nicht lange.

Holunder Smash

4 cl Holunderlikör
2 cl Dinkelkorn
3 cl Zitrone
1 cl Zuckersirup
Minze

Glas: Coupette

Alle Zutaten in den Shaker geben,
mit Eiswürfeln auffüllen und kräftig schütteln.
In ein vorgekühltes Coupette Glas doppelt abseihen.
Deko: Minzblatt

HOLUNDER LIKÖR
Heimatlich.

Holunderbeeren aus der Region verarbeiten wir in unserer Manufaktur zu einem einzigartig fruchtigen Likör. Natürlich volles Aroma mit bester Bourbon-Vanille - der Ehringhauser Holunderlikör als kühlende Erfrischung im Sommer oder als Heißgetränk an Winterabenden.

Es werden ausschließlich Zutaten aus anerkannt ökologischem Anbau verwendet.

MEHR REZEPTE
unter
www.brennerei-ehringhausen.de/service/rezepte/

Die große Tenne beherbergt das Fasslager. Die schwere Balken-decke ist erhalten und die alten Gesindetüren sind auch noch zu sehen. Es riecht nach Holz und nach Geheimnis. Die Fässer sind nach Jahreszahlen geordnet.

Amerikanische Bourbon Fässer, Rumfässer aus Martinique und Fässer aus der deutschen Weiß-eiche, sie alle geben ihre Aromen und kostbaren Geschmacksstoffe an den hier eingefüllten Fein-brand weiter. Die Brände lagern monatelang oder Jahre. Charakter braucht seine Zeit. So entstehen limitierte Fassab-füllungen oder fein abgestimmte Blends.

JOS. GARDEN. *Frischer, lebhafter New Western Dry Gin* mit komplexen Noten von Himbeere, Zitrone, Schlehe und Pappelknospe, wie auch Koriander, Zimt, Pfeffer und Pommeränzchen.

NEU

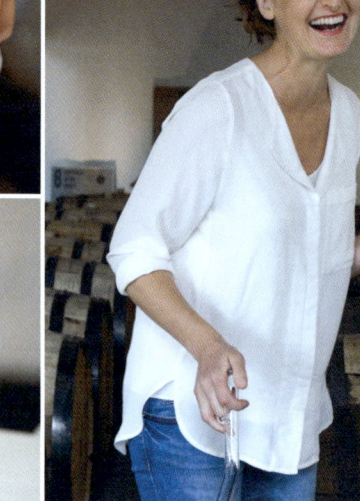

*Theres und Georg öffneten für mich das ein oder andere Fass und ich hörte
spontane Begeisterung. „Das wird ein Knaller!"
Jedes Jahr entsteht eine neue Kollektion von Korn / Geist / Likör. Immer in
kleiner, aber feiner Menge. Neuestes Produkt ist der kleine Lord, eine spannende
Geschichte um Korn und einen interessanten Vorfahr. Nachzulesen im Internet
oder bei einer Hofführung persönlich zu erfahren.*

Für mich war es nicht nur ein vielfältiges Erlebnis mit der Kamera. Ich habe viel gelernt
und das ein oder andere Geschenk für meinen Gaumen entdeckt.

KONTAKT

Brennerei Ehringhausen
Ehringhauser Weg 2
59368 Werne
www.brennerei-ehringhausen.de

Berauschter Flamingo

*auf einem Bein kreiert von
Marie Rausch, Rotkelchen*

5 cl Dinkelkorn
1 cl Ferdinand's Saar
Dry Vermouth
1 karamellisierte Perlzwiebel
1 frische Scheibe Rote Bete

*Korn und Vermouth mit viel
Eis mixen. In ein gekühltes
Martini-Glas abseihen.
Mit einer Perlzwiebel und einer
Scheibe Rote Bete garnieren.*

Tipp:
*Perlzwiebel aus dem Glas nehmen
und abtropfen lassen. Mit
braunem Zucker karamellisieren
und mit Balsamico und frischem
Orangensaft ablöschen.
In diesen Sud Lorbeerblätter,
Piment und Senfkörner geben
und weiterkochen lassen, bis die
Zwiebeln weich sind.*

ROTKEHLCHEN
WOHNRAUM MIT KÜCHE & BAR

Marie & Nicklas Rausch

Die brennenden Kerzen, die kleinen, lustig flackernden Windlichter tauchten den Raum in ein angenehmes, wärmendes Licht. Ich hatte durchs Fenster gespäht und nach Marie Ausschau gehalten. Und schon öffnete sie mir die Tür und empfing mich mit ihrem so typischen, herzlichen Lächeln.

Alles passte zusammen, ihre Erscheinung, die einladende Handbewegung und der individuelle, zauberhafte Einrichtungsstil, so jugendlich leicht, trotz des Möbelmixes, auch aus den 60er Jahren oder vielleicht gerade deshalb. Liebevolle Details, Unmengen von Flaschen an der Bar, der Blick in die Küche - meine Augen entdeckten immer wieder Neues.

Vögel. Überall Vögel.

Ich glaube, ich höre sie zwitschern. Liegt das vielleicht daran, dass ich, natürlich nur zur Recherche, zu viele Cocktails von Marie genossen habe? Egal, zwitschern macht Spaß, vor allem in Gesellschaft.

Marie Rausch hat schon als Kind ihren Brüdern Sandkuchen auf Blättern serviert. Ihr Wunsch Koch werden zu wollen blieb auch bestehen, als sie eine Ausbildung als Hotelfachfrau in ihrer Heimatstadt Berlin begann. Doch mit der Bemerkung, dass sie zu freundlich für die Küche sei, blieb ihr das verwehrt. Und tatsächlich kann ich mir nicht vorstellen, dass Marie jemals laut werden kann. Aber sie schaffte es in die Bar des Hotels, arbeitete sich durch die Schichtdienste, las Berge von Cocktailbüchern und wanderte durch die Bars von Berlin, um zu sehen, was die Kollegen so machen. Endlich konnte sie erfinden, neue Ideen umsetzen, Eigenes kreieren.

Hier wurde sie auch von Starkoch Stefan Marquard entdeckt, der für seine etwas andere Küche bekannt ist, ging nach München und folgte seiner Vorgabe: „Mach einfach, aber mach es lecker!" Das ist auch heute noch ihr Motto. In Stefan Marquards Küche lernte sie auch Nicklas kennen. „Liebe auf den ersten Blick." Während sie mir das erzählte, leuchteten ihre Augen noch mehr. Die beiden blieben zusammen und nach einem Zwischenstopp in Dachau eröffneten sie gemeinsam im Jahr 2012 das ROTKEHLCHEN in Münster. Seit 2014 in der Wasserstraße.

Mit einem Lächeln und viel Gefühl in der Stimme erzählte mir Marie von ihrer Großmutter und deren Liebe zu Rotkehlchen. Alle 18 Enkel schenkten ihr zu jeder Gelegenheit Rotkehlchen Bilder für die Küche am Bodensee. „Wenn ich nicht mehr da bin, komme ich als Rotkehlchen wieder", so die Großmutter. Diese liebevolle Erinnerung, diese gelebte familiäre und herzliche Gastlichkeit und der Besuch eines Rotkehlchens auf dem Balkon in Münster gaben den Ausschlag für den Namen des eigenen Restaurants. „Rotkehlchen" steht für herzliche Gastlichkeit in liebevollem Ambiente.

Schirm, Charme & Reneklode

4,5 cl Kornbrand Brennerei Ehringhausen
2,5 cl Heusirup
2,5 cl Zitronensaft
2,5 cl Bier (Finestkind IPA Smuttynose)
1 Reneklode

1 Spritzer Chartreuse
oder Absinth für den Glasrand

Alle Zutaten werden im Shaker mit Eis aufgemixt und doppelt abgesiebt. Dann gibt man Eiswürfel in das gekühlte Gefäß und füllt die Mischung ein. Der Rand wird mit einem Spritzer Chartreuse parfümiert. Mit Zitronenzesten und einer getrockneten Reneklodenscheibe garnieren.

(Die Reneklode war im Urlaub, die Birne hat sie vertreten.)

Einen Jigger (Messbecher) zu verwenden, ist ein Muss.

Herstellung Heusirup.

Um Heusirup herzustellen, kocht man 200 ml Wasser mit 200 ml Zucker auf. Das ist der Läuterzucker, in dem man eine Handvoll Bio Heu 20 Minuten ziehen lässt. Abseihen und abkühlen lassen. (Hält sich im Kühlschrank mehrere Tage)

TIPP

Als Alternative zu Bio Heu kann man auch Löwenzahn verwenden.

Das Konzept, ein Mehrgangmenü mit Cocktailbegleitung anzubieten, ist laut Marie in Münster und Deutschland einzigartig. Alle vier Wochen suchen beide nach neuen Geschmäckern und basteln so lange an einer perfekten Karte, bis alles zusammen passt und die Gäste begeistert.

KONTAKT
—
ROTKEHLCHEN
Wasserstraße 1-3
48147 Münster
www.rotkelchen-muenster.de

Prima Vera

4 cl Likör 43
3 cl Zitronensaft
2 1/2 Barlöffel (TL)
weißes Pfirsichpüree
2 Stängelchen Thymian
100 ml Ingwer Beer
oder Ingwerlimonade

*Likör, Zitronensaft, Püree
und Thymian werden
mit viel Eis geshakt und
doppelt abgesiebt.
Eiswürfel in ein Weinglas
geben, die Mischung
hinzugeben und mit dem
Ingwer Beer auffüllen.
Mit Zitronenzesten und
einem Thymianzweig
dekorieren.*

VIZEMEISTERIN
mit dem Cocktail
Prima Vera

東京
アカシア

ACACIA

Toshi & Kunihiko Suzuki

Als ich das ACACIA das erste Mal betrat, fand ich mich in einem kleinen Stückchen Japan wieder.
Kein großes Schild wies mir den Weg, deshalb hatte ich das Restaurant auch nicht sofort gefunden.
Die Schlichtheit des Eingangs setzte sich im Innenraum fort. Modernes Design trifft die Tradition Japans.
Die Hektik der Straße blieb unmittelbar draußen.

ACACIA, Münster

„Irasshaimase", herzlich willkommen, so wurde ich von Toshi Suzuki zurückhaltend und interessiert begrüßt. Wir kamen ins Gespräch und Toshi erzählte mir von den Anfängen, als sein Vater das Unternehmen gründete. Den Namen ACACIA erhielt das Restaurant, weil ein Onkel Toshis im chinesisch japanischen Krieg im Lazarett lag und von seinem Fenster aus eine Akazie sah.

Es war noch ruhig und so konnte ich mich ungestört umsehen. Die reduzierte Einrichtung gefiel mir. Dunkle Holzmöbel, lichte Vorhänge, auf jedem Tisch eine kleine Chrysantheme, die Fotografien japanischer Landschaften - alles passte wunderbar harmonisch zusammen. Mittelpunkt des Raumes aber ist die große Kochstelle, an der alles frisch zubereitet wird und der Gast dabei zuschauen kann.

Herzlich willkommen
» IRASSHAIMASE «
歓迎

„Viele unserer Produkte stammen aus kleinen japanischen Familienbetrieben. Sie arbeiten sehr sorgsam und nachhaltig."

Kunihiko Suzuki

Ich lernte auch Kunihiko Suzuki kennen, den Vater von Toshi, der sich leise näherte und uns aufmerksam zuhörte. Er zeigte mir ein Relief, angefertigt von einem Freund aus Holland. Filigran verlaufendes, teils emailliertes Material – ich meinte unsere Erde zu erkennen und fand es wunderschön. „Schau, der rote Tropfen, sie blutet." Japanische Erde – ja, das passt wohl.

準備
散らし鮨

Zubereitung
Sushi Reis

Suhi Reis für 4 Personen:
500 g Rundkornreis, 750 ml Wasser, 100 ml Reisessig, 20 g Zucker, 10 g Salz,
5 x 5 cm Kombu (Seetang) oder eine Prise Dashi (Bonitofischpuver)

*Erst muss der Reis gründlich gewaschen werden, so oft, bis das Wasser fast
klar ist, dann durch ein Sieb abtropfen lassen. Den Reis mit dem Kombu
und dem Wasser 2 Min. kochen, danach den Topf mit einem Deckel versehen
und weitere 10 Min. köcheln lassen. Den Topf von der Kochstelle nehmen
und mit geschlossenem Deckel 10 Min. zur Seite stellen.*

*In der Zwischenzeit werden Reisessig, Zucker und Salz
und dem Dashi (falls Sie keinen Kombu verwendet haben) gemischt.
Den Reis aus dem Topf in eine Holzschüssel geben und die Essigmischung
darauf verteilen, mit einem Spachtel in schneidenden Bewegungen mischen.
Mit einem Fächer auf Körpertemperatur kühlen, dabei darf der Reis nicht
weiter gemischt werden, da er sonst klumpt.*

Nigiri, Maki & Uramaki Sushi

---

1 NIGIRI SUSHI : 13 - 15 g Reis.
1 MAKI SUSHI: 80 g Reis.

Für den Belag und die Füllung:
150 g Thunfisch, 150 g Lachsfilet (beide in Sushi Qualität), 1 Avocado,
6 EL ungeschälte und geröstete Sesamkörner, 6 Surimisticks,
15 g Wasabipulver + 1 EL Wasser, Sojasauce.

Das ergibt pro Person:
Je 2 Stück Nigiri Sushi mit Lachs und Thunfisch,
1/2 Rolle Maki Sushi mit Lachs und 1/2 Rolle Maki Sushi mit Thunfisch,
1 Rolle Uramaki Sesam.

TOPQUALITÄT & HANDWERKS-KUNST

*Kein Blauflossenthunfisch
wird hier serviert.
Alle Fischsorten sind aus
nicht gefährdeten Beständen
und werden in Topqualität
eingekauft.
Die restlichen Zutaten
werden regional erworben.*

SUSHI KOCHKURSE

Infos unter
www.restaurant-acacia.de

„*Das Acacia ist für mich Heimat.*"

Maya Suzuki

Um 18 Uhr öffnete sich die Eingangstür wie ein Schleusentor. Paare, Familien und offensichtlich viele Stammgäste nahmen Platz. Was mich wunderte, es wurde nicht laut. Alle senkten Ihre Stimmen, sogar die leise Tischmusik war noch zu hören.

Jetzt konnte ich Toshi in seinem Element erleben. Seine Hände schoben, wendeten und drehten feinste Zutaten ohne Unterlass. Die Schnelligkeit faszinierte mich. Meine Kamera glühte. Neben mir saß Wolfgang, ein Gast, der seit 25 Jahren zweimal die Woche kommt und es liebt, direkt vor der Platte, der Teppan Yaki, zu sitzen und bei der Zubereitung hautnah dabei zu sein. Flambierte Entenbrust heute und vorher ein bisschen Sushi. Und flambiert wurde richtig, die Flamme war beeindruckend.

Es duftete, hauchdünn geschnittener Knoblauch, die Aromen des Fleisches und des Fisches, die kurz angebratenen Gemüsestreifen; mein Appetit wuchs im gleichen Maß, wie die Gerichte die heiße Platte verließen.

KONTAKT
—
Restaurant ACACIA
Friedrich-Ebert-Platz 2
48153 Münster

www.restaurant-acacia.de

KONTAKT

VEGAN

BUCKS
VEGAN FRENGELN
Wolbecker Str. 128
48155 Münster
www.bucks-vegan.de

BUCKS

Alexandra Friedrich & Tobias Buck

Die vegane Küche hat in den letzten Jahren immer mehr Liebhaber gefunden. Das ist Grund genug für mich, dieser Genuss-Alternative in meinem Buch der Gaumenfreuden ein Kapitel zu widmen.

Seit Mai 2015 führen Alexandra Friedrich und Tobias Buck ihr Restaurant in der Wolbecker Straße. Sie verwöhnen ihre Gäste mit einer wöchentlich wechselnden, kleinen und feinen Karte mit saisonalen und regionalen Gerichten, rein pflanzlich und frisch zubereitet. Hinter allem steht der Gedanke eines nachhaltigen Umgangs mit der Umwelt, ohne die Kreativität dieser innovativen Küche zu vernachlässigen.

Dass die zubereiteten Geschmackserlebnisse durchaus glücklich machen, sah ich an den zufrieden lächelnden Gästen, die ab nachmittags das Lokal besuchten, Kuchen oder einen Eintopf am Nachmittag genossen oder sich abends durch die Karte futterten, eben „frengelten". Auch beim „Picheln" achten die Gastgeber auf kurze Lieferwege und vegane Zutaten.

Alexandra Friedrich und Tobias Buck sind stolz darauf, dass sich ihr Restaurant seit der Eröffnung zum „Treffpunkt" entwickelt hat. Ihre Leidenschaft und Überzeugung verbindet sie mit den Besuchern jeden Alters, die in dem kleinen, modernen und trotzdem gemütlichen Lokal in jeder neuen Woche neues Glück genießen.

———

Rote Bete Gnocchi VEGAN
mit Rucola Pesto & Zitronenschaum

4 Personen

---

600 g mehlig kochende Kartoffeln, 200 g Rote Bete, 200 g Kartoffelmehl,
5 EL Sojamehl, 100 ml Sojamilch, 1 Zitrone, 150 g Rucola, 20 g Pinienkerne,
100 g Sonnenblumenkerne, 1 Knoblauchzehe, 150 ml Olivenöl, Agavendicksaft, Salz, Pfeffer, Muskat

*Kartoffeln schälen und in Salzwasser gar kochen. Rote Bete ebenfalls weich kochen
und mit dem Stabmixer pürieren. Die Kartoffeln durch die Presse drücken und mit dem Rote Bete
Püree vermengen. Sojamehl mit Wasser zu einem sämigen Teig anrühren und unter die Masse heben.
Kartoffelmehl nach und nach dazugeben und kneten, bis die Masse nicht mehr klebt.
Mit Salz und Muskat abschmecken. Aus dem Teig circa daumendicke Rollen formen und etwa
fingerbreite Gnocchi von der Rolle schneiden. In kochendem Salzwasser ziehen lassen,
bis sie an der Oberfläche schwimmen.*

*Pinienkerne und Sonnenblumenkerne in der Pfanne ohne Öl goldbraun anrösten.
Zusammen mit dem Rucola, Knoblauch und Olivenöl in ein hohes Gefäß geben und pürieren.
Mit Salz, Pfeffer und Agavendicksaft abschmecken.
Sojamilch erhitzen, salzen und mit Zitronensaft abschmecken. Solange mit dem Schneebesen schlagen
bis ein Schaum entsteht. Gnocchi auf einen Teller anrichten, Pesto darauf verteilen und den
Zitronenschaum vorsichtig darüber drapieren. Mit frischem Rucola garnieren. Nach Belieben
geröstete Pinienkerne darüber streuen.*

KONTAKT

DE POTTKIEKER
Emsstraße 2
48291 Telgte

www.de-pottkieker.de

DE POTTKIEKER
RESTAURANT

Marita und Klaus Poggenpohl

Östlich von Münster liegt die Wallfahrtsstadt Telgte, ein Kleinod mit restaurierter Altstadt und historischem Marktplatz. Ganz in der Nähe des Marktes steht das idyllische, denkmalgeschützte Gebäude, in dem Marita und Klaus Poggenpohl ihr Restaurant „De Pottkieker" und ein kleines Feinkost Lädchen führen.

Das Haus, Ende der achtziger Jahre komplett restauriert, erinnerte mich bei meinem ersten Besuch an ein Puppenhaus mit Kinder-Kaufladen. Es hieß mich sofort willkommen. Die Körbe an der Decke, die dekorativ arrangierten Delikatessen und Weine im Lädchen, dahinter die Deele mit den angrenzenden, kleinen Gasträumen, ich war begeistert.

Liebevoll mit Antiquitäten eingerichtet, mit modernen Bildern an den Wänden, luden die blank gescheuerten Tische mit hübscher Dekoration und die bequemen Stühle zum Verweilen ein. Brennende Kerzen und dezente klassische Musik schufen eine private und heimelige Atmosphäre. Und dass das Haus doch eine Menge Platz bietet, sah ich im Obergeschoss, als ich die altwürdige Stiege hinauf ging. „Bei uns ist immer was los", so Gastgeberin Marita Poggenpohl und tatsächlich: als ich in die Nischen schaute, sah ich zufrieden lächelnde Gäste.

LORBEERBLÄTTER

SPITZKOHL

ZWIEBELN

WEISSKOHL

KNOLLENSELLERIE

FEST KOCHENDE KARTOFFELN

OCHSEN-BEINSCHEIBEN

MÖHREN

LAUCHSTANGEN

Klaus Poggenpohl, alleiniger Herr in seiner Küche, ließ mich in einen großen „Pott kieken", in dem eine Suppe leicht vor sich hin köchelte. Frisches Gemüse, Beinscheiben und Schulter eines Heckrindes waren der Grund für den wunderbaren Duft, der aus der Küche wehte.

Dieser „doppelte" Eintopf schmeckte hervorragend und ich beschloss, dass das Rezept dieses vermeintlich schlichten Gerichtes unbedingt in dieses Buch gehört. Natürlich gibt es nicht nur Eintopf in diesem gastlichen, herzlich geführten Haus, sondern auch andere Köstlichkeiten à la carte.

Rindfleisch-Gemüseeintopf

Brühe
1 kg Suppenfleisch (Ochsen-Beinscheiben), 200 g Knollensellerie, 2 Möhren,
2 Lauchstangen, 2 Zwiebeln, 2 Knoblauchzehen, 2 Lorbeerblätter, Pfeffer, Salz, 2 l Wasser

Einlage
300 g fest kochende Kartoffeln, 200 g Knollensellerie, 1 kg Spitzkohl / Wirsing,
2 Möhren, 2 Lauchstangen, 2 Zwiebeln, Pfeffer, Salz

Zum Anrichten und als Beilage
gehackte Petersilie, Landbrot

Zur Brühe, der Basis des Eintopfs
*Der Eintopf müsste eigentlich Zweitopf heißen, denn das Gericht wird nicht mit
allen Zutaten in einem Topf hergestellt. Da großen Wert auf eine geschmacksintensive Brühe
gelegt wird, wählen wir hier die beschriebene, etwas aufwändigere Variante. Sie hat den Vorteil,
dass mehr Brühe als benötigt zubereitet wird und ein Teil davon anderweitig zur späteren
Verwendung gut eingefroren werden kann.
Das Gemüse wird geputzt und geschält. Die Möhren und der Sellerie werden
grob gewürfelt, die Knoblauchzehen halbiert, die Zwiebeln geviertelt und der
Lauch in daumenlange Stücke geschnitten. Zusammen mit dem Fleisch,
Pfeffer und Salz kommt es in einen ausreichend großen Topf.
Mit Wasser bedeckt wird das Ganze zum Kochen gebracht und siedet
dann anschließend bei geöffnetem Deckel 2 ½ Stunden. Die Lorbeerblätter
können hinzugefügt werden, man sollte sie aber aus der Brühe nehmen, sobald
sie genug Aroma abgegeben haben. Gegebenenfalls etwas Wasser nachfüllen.
Schmeckt die Brühe intensiv genug nach Fleisch und Gemüse, wird sie
mit Hilfe eines Siebes in einen zweiten Kochtopf aufgefangen.*

Zu den Eintopfzutaten
*Wie für die Brühe werden die Gemüsezutaten vorbereitet. Die Möhren in kleine
Scheiben, der Lauch in Ringe geschnitten, die Kartoffeln gewürfelt und der Sellerie gestiftet.
Je nach Garzeit kommen die Zutaten in die Brühe. Zunächst Möhren, Sellerie, Spitzkohlstreifen,
Kartoffeln und 10 Minuten vor Ende der Garzeit Lauch und kleingehackte Zwiebeln.
Nach einer halben Stunde Garen müsste das Gemüse die richtige Konsistenz haben.
Das Fleisch der Beinscheiben wird vom Knochen geschnitten und gewürfelt, danach zum
Warmziehen in die Brühe gegeben.
Nachdem der Eintopf mit Pfeffer und Salz abgeschmeckt ist, kann er sofort
auf den Tisch kommen, mit Petersilie dekoriert und begleitet von
einer Scheibe frischen Landbrotes.*

TIPP

Für Marienwallfahrer, Jakobspilger, aber auch für jeden anderen Gast ist der Eintopf eine Kraftquelle für weitere Unternehmungen.

In drei großflächigen Naturschutzgebieten, in den Emsauen in Telgte, weiden in ausgewählten Bereichen ganzjährig freilebende Heckrinder und Konik- Urpferde. Durch den Einfluss dieser wildlebenden Weidetiere hat sich eine ungeahnte Artenvielfalt entwickelt. Dem ausgestorbenen Ur-Rind sehr ähnlich gezüchtet, wirken diese imposanten Rinder groß und majestätisch. Unter fachkundiger Führung kann man sie entdecken und bewundern.

_____

Kleine Torten, kleine Sünden, große Freuden!

KONDITOREI CAFÉ ISSEL

Inhaber und Konditormeister Ortwin Scheffler, Christel Issel-Scheffler
Till-Moritz Scheffler

So muss das Paradies aussehen und duften. Als ich die Konditorei betrat, stand ich direkt vor der verführerischen Auslage. Viele kleine Torten aus Schokolade, mit unterschiedlichem Obst, raffiniert dekoriert, kleine Schnitten mit Sahne, Quark und Nüssen. Und eine Vitrine, gefüllt mit Pralinen. Oben auf der Theke standen schon die ersten Tütchen mit Weihnachtsgebäck. Dahinter in den Regalen, wie Zinnsoldaten aufgereiht, Teegebäck in hübschen Glasgefäßen. Ich wusste gar nicht, wo ich zuerst hinschauen sollte. Der Duft aus der Backstube ließ mir das Wasser im Mund zusammenlaufen und die Vorboten der Glückseligkeit klopften mir auf die Schulter.

Ortwin Scheffler, Inhaber, Konditormeister und Zauberer ist mit seinem Team verantwortlich für diese Kreationen. Sein Motto: Mit guten Dingen die Menschen glücklich machen. Vielleicht ist es dieser Vorsatz, der seinen Ruhm weit über die Grenzen Münsters begründet hat.

„Gute Grundprodukte und
handwerkliches Können sind die
Voraussetzung für unsere Thekenvielfalt.

Ortwin Scheffler

Münsterländer
Pumpernickeltorte

ø 20 cm

---

3 Eigelbe
3 Eiweiße
100 g Puderzucker
90 g Pumpernickel
60 g Mehl
1 TL Backpulver
15 g flüssige Butter

*Eigelbe mit 1/3 Puderzucker in der Küchenmaschine schaumig schlagen.
Pumpernickel fein reiben, mit Mehl und Backpulver vermengen. Danach die
Eiweiße mit dem Rest des Puderzuckers zu Eischnee schlagen. Nebenbei die
Butter auflösen. Den Eischnee vorsichtig unter die Eigelbmasse geben, danach
die Mehl/Pumpernickelmischung und zuletzt die Butter hinzufügen.
Auf einem Blech mit Backpapier dünn ausstreichen und bei 190°C
im Ofen 5-10 Minuten goldgelb backen.
Dieser Biskuit kann nicht als Wiener Boden gebacken werden. Sollte das
Backblech für 2 Böden zu klein sein, verteilt man den Teig auf zwei Bleche.
Nach dem Backen abkühlen lassen.*

Mürbeteigboden
150 g Butter
120 g Zucker
1 Prise Salz
25 g Kakaopulver
200 g Mehl
40 g Vollei (ca. 1 Ei)

Alle Zutaten zusammen schaumig rühren und anschließend bei 180°C im Ofen 10 - 12 Minuten in der 20er Tortenform backen.

Pumpernickel-Trüffelmasse
50 g Pumpernickel
50 ml Kirschwasser
260 g Kuvertüre 60 / 40 oder Blockschokolade
330 g Sahne

Pumpernickel feinkörnig reiben und im Kirschwasser einweichen. Die Schokolade im Wasserbad auflösen, nebenbei 70 g Sahne erhitzen. Die restlichen 260 g Sahne zu einer weichen Masse schlagen. Nun gibt man die heiße Sahne in die Schokoladenmasse und rührt sie vollkommen unter. Dann wird die Schlagsahne ganz vorsichtig dazugegeben. Wenn das geschehen ist, kommt die Pumpernickel Mischung dazu.

Auf den in der Form abgekühlten Mürbeteig legt man den ersten Biskuitboden. Danach füllt man ein Drittel der Schokoladencreme ein und legt wiederum den zweiten Biskuitboden darauf. Nun den Rest der Schokolade in die Form füllen und glatt und bündig mit dem Ring abstreichen. Über Nacht im Kühlschrank ziehen lassen.

Am nächsten Tag löst man die Torte vorsichtig mit einem warmen Messer aus der Form und stellt sie auf ein Kuchengitter. Mit einem Überzug (Fertigung s.u.) aus Kuvertüre und Milch überziehen und anschließend mit geröstetem Pumpernickel bestreuen.

Überzug
300 g Kuvertüre 70 %, 200 g Milch

Beides zusammen unter Rühren aufkochen, erkalten lassen und dann wieder lauwarm erhitzen, bis die Masse sämig ist und sich leicht verteilen lässt.

CAFÉ ISSEL, Münster

Ortwin Scheffler übernahm die Konditorei, einen traditionellen Betrieb mit gutem Ruf, vor mehr als 25 Jahren von seinem Schwiegervater. Und machte erst mal alles anders. Durch das Einführen von kleinen Torten konnte er eine viel größere Vielfalt im Sortiment anbieten. 400 Rezepte hat er in seinem Kopf angesammelt und im Gaumen gespeichert und immer neue kommen hinzu.

Auch durch seine zweite Ausbildung als Koch hat er keine Angst vor ungewöhnlichen Kompositionen. Er erzählte mir, dass er einst einen Teelöffel alten Aceto probiert hat, es im Mund knallte und er wusste, dass dieser Geschmack eine Hochzeit eingehen muss. Wen der Aceto dann wirklich geheiratet hat, das hat mir Ortwin Scheffler nicht verraten. Während er von seiner Arbeit berichtete, glänzten die Augen und seine Gesten zeigten die Begeisterung für seinen Beruf.

An seiner Seite steht in 4. Generation Sohn Till-Moritz. Auch der Junior ist mit viel Hingabe bei der Arbeit. Als ausgebildeter Koch lernte er die Patisserie in renommierten Häusern, wie dem „Steirereck" und dem „Tian" in Wien. Seit 3 Jahren ist er wieder zurück in Münster, absolvierte eine Konditorenausbildung und kann nun seine Kreativität ausleben. Die Zukunft ist also gesichert und dem Jubiläum, 100 Jahre Café Issel, im Jahr 2022 kann getrost entgegen gesehen werden.

Die Zutaten stammen zu 80 % aus dem Bio Bereich. Keine künstlichen Aromen und Farbstoffe werden verwendet. Der Zuckeranteil ist nicht der Hauptbestandteil der Kunstwerke. Juhu, dann darf es ja ein Stückchen mehr sein.

Auch Veganer sind im Café Issel herzlich willkommen und finden leckere Torten und Pralinen im Angebot. Zudem gibt es eine große Vielfalt an selbst hergestellten Konfitüren.

Schlehen Ganache

Zutaten für ca. 50 Pralinen
125 g Crème double (53 % Sahne)
50 g Orangenblütenhonig (Gepa, fair gehandelt)
250 g dunkle Schokolade 60 %
30 g Salzbutter
40 ml Schlehengeist
Pralinenhohlkörper
500 g dunkle Kuvertüre

*Crème double und Honig im Topf aufkochen. Die dunkle
Schokolade im Wasserbad auflösen (oder in der Mikrowelle).
Die heiße Sahne-Honig-Mischung in Etappen dazugeben.
Es muss sich eine Emulsion ergeben, die glänzt.
Heiße Sahne ist der Emulgator. Die Masse so lange rühren, bis
sie ganz glatt und geschmeidig ist. Die kalte Butter in kleinen
Würfeln unterrühren und zuletzt den Schlehengeist hinzugeben.
Bei Zimmertemperatur über Nacht stehen lassen. Am nächsten
Tag füllt man die Schokoladenmasse mit einem Spritzbeutel
kuppelförmig in die Hohlkörperförmchen.
Bei Zimmertemperatur eine 2. Nacht stehen lassen.*

*Die dunkle Kuvertüre bei 50°C schmelzen, dann runter
temperieren auf 29°C, danach die Temperatur wieder auf
32°C - 34°C erhöhen. Das muss sein, um die Kristallisation der
Schokolade perfekt zu erzielen, damit sie glänzt.
Die Pralinen mehrmals mit der Pralinengabel in die Schokolade
eintauchen. Auf der Kante abziehen und auf Alufolie trocknen
lassen. Wer die Pralinen verzieren möchte, röstet eine Handvoll
Kokosflocken mit Fleur de Sel und Rohrzucker in der Pfanne an
und gibt die Mischung auf die Ganache.*

**Schlehengeist
Ehringhausen.**

*Tiefblaues Comeback.
Herb-fruchtiges Aroma mit
einer feinen Mandelnote.*

*Es kann jeder beliebige
Obstbrand verwendet
werden.*

TIPP

Auf Anfrage gibt
es Kursangebote für
die Herstellung
von Pralinen.

KONTAKT

WILDE TRIEBE
CAFÉ & RESTAURANT
Am Sutthauser Bahnhof 5
49082 Osnabrück
www.wilde-triebe.de

WILDE TRIEBE

Hanna Börger & Sarah Irwin

Osnabrück liegt nicht im Münsterland. Vielleicht war das der Grund, warum ich zwar neugierig, aber auch etwas zurückhaltend zur ersten Besichtung fuhr. Viele der schon besuchten Gastgeber hatten die „Wilde Triebe" begeisternd erwähnt, und der Satz: „Die Mädels sind sehr engagiert und gut, und die Atmosphäre ist klasse", spukte durch meinen Kopf.

„Hier ist die Kunst zu Hause", ein Motto von Volker-Johannes Trieb, der diesen Sehnsuchts-Ort geschaffen hat. Sehnsuchts-Ort deshalb, weil der Gartenbereich vor dem umgebauten Bahnhof schon einmalig ist. So stelle ich mir ein Reservat vor. Der Künstler zeigt seine Träume. Ein Wasserfall links, ein Wasserlauf rechts: es stellt sich Entschleunigung ein. Kleine Terrassen, wie Parallelwelten, mit Sitzgelegenheiten, ausgestellter Keramik und Pflanzen, lassen den Besucher verweilen. Es kann schon mal ein bisschen dauern, bis man alles erkundet hat. Bei mir siegte letztendlich die Neugier. Ich betrat das Restaurant durch eine mächtige Metalltür und wurde herzlich empfangen.

Im Bahnhof, der vollständig kernsaniert wurde, treffen roter Backstein, mächtige Stahlträger, große Eichentische, futuristisch kantige Beleuchtung auf weiche bequeme Stühle, brennende Kerzen, ein flackerndes Feuer und ungewöhnliche Kunstobjekte. Das Zusammenspiel der unterschiedlichen Materialien bewirkt diese Einzigartigkeit.

TIPP

Das Obergeschoss ist ebenfalls der passende Ort für eine individuelle Feier zwischen Flügel und Kunst.

WILDE TRIEBE, Osnabrück

Und stehen die Köstlichkeiten auf dem Tisch, kann man auf den Tellerrändern die unterschiedlichsten Zitate aus deutscher Literatur zum Thema „Triebe" finden, wie: „Die ständige Triebkraft des Lebens: Verlangen und Vergnügen." Das passt. Der Duft, der in die Nase steigt, lockt Verlangen und der Geschmack bereitet Vergnügen.

Für mich perfekt und aufmerksam war der Service am Tisch. Die Suppe wurde vor Ort um das kleine Gemüsebouquet eingeschenkt. In kleinen Schälchen standen beim Hauptgericht weitere Beilagen bereit. Dieses Umsorgen und Kümmern gab mir das Gefühl, angekommen zu sein. Ich war sehr froh, hierher gefunden zu haben.

Steckrüben-Kartoffel-Suppe
mit Chili

Hanna Börger und Sarah Irwin sind die beiden Gastgeberinnen in diesen Traumräumen. In ihrer offenen Küche sind sie mitten im Geschehen. Ein Lächeln im Gesicht, zaubern sie hier für ihre Gäste die wunderbaren Gerichte, die sie über die Landesgrenze hinaus bekannt gemacht haben. „Wir möchten gut kochen, regional und saisonal, in einer lockeren Atmosphäre, wie zu Hause." Mit diesem Credo und einer monatlich wechselnden Karte haben sie seit 2012 viele Stammgäste und Freunde gewinnen können.

WILDE TRIEBE, Osnabrück

Steckrüben-Kartoffel-Suppe mit Chili

4 Personen

---

250 g Steckrüben, 170 g Kartoffeln,
300 ml Sahne, 600 ml Gemüsefond, 1/2 Chilischote, Salz, Pfeffer

*Steckrüben und Kartoffeln waschen, schälen und in grobe Würfel schneiden.
Alles zusammen mit der Sahne und dem Fond in einem Topf zum Kochen bringen und gar ziehen lassen.
Salzen und pfeffern. Zum Schluss die Chilischote hinzufügen und alles fein pürieren.*

Für die Einlage
20 g Kartoffel, 20 g Steckrübe, Wildkräuter (mariniert in Olivenöl)

*Kartoffel und Steckrübe in kleine Würfel schneiden und in Salzwasser bissfest garen.
In einem tiefen Teller mit den marinierten Wildkräutern zu einem kleinen Sträußchen anrichten.
Am Tisch die Suppe eingießen.*

*Weinempfehlung:
2014 Riesling, halbtrocken
Weingut Karl Pfaffmann, Walsheim, Pfalz*

*Die beiden Gastgeberinnen haben
sich bei ihrer Ausbildung kennen-
gelernt. Als sie beschlossen,
dieses Restaurant gemeinsam zu
führen, ging für sie der Traum
der Selbständigkeit in Erfüllung.
Das vertraute Miteinander ist die
Grundlage für Kreativität, anders
und besonders zu sein.*

WILDE TRIEBE, *Osnabrück*

TIPP

Das Rezept funktioniert auch bei Reh oder Wildschwein.

Hirschrücken unter der Walnuss-Honig-Kruste mit Schwarzwurzeln, Pariser Kartoffeln und gefüllter Birne

4 Personen

Hirschrücken

600 g parierter Hirschrücken, 80 g flüssiger Honig, 80 g Walnusskerne

Den Hirschrücken salzen, pfeffern und bei 60°C im Ofen garen, bis er eine Kerntemperatur von 50°C hat, dann kurz ruhen lassen. Die Walnüsse und den Honig fein mixen. Anschließend die klebrige Masse mit einer Palette (diese vorher und zwischendurch in Wasser tauchen) auf ein Backpapier streichen und eine ½ Stunde kalt stellen. Nun ein passendes Stück auf den Hirschrücken legen und unter dem Grill bräunen.

Sauce

500 g Hirschabschnitte, 200 g Suppengemüse, 150 g Gemüsezwiebeln, 1 EL Tomatenmark, 2,5 l Rinderfond, 300 ml trockener Rotwein, 300 ml roter Portwein, 50 ml Fliederbeersaft ungesüßt, 50 g Preiselbeeren, Salz, 1/4 Chilischote, 4 Wacholderbeeren, 1/4 Stange Zimt, 5 Pfefferkörner, 2 Lorbeerblätter, Pflanzenöl, 1 EL Kartoffelstärke

Suppengemüse waschen und in walnussgroße Stücke schneiden. Zwiebeln pellen und ebenfalls klein schneiden. Das Öl in einem Topf erhitzen und die Hirschabschnitte kräftig anbraten. Das Gemüse hinzugeben, anrösten und mit dem Tomatenmark tomatisieren. Den Rotwein aufgießen und reduzieren lassen. Immer wieder Rotwein nachfüllen. Beim letzten Mal Portwein, Fliederbeersaft und Rinderfond mit aufgießen, würzen und salzen und alles 2,5 Stunden köcheln lassen. Kurz vor Ende die Preiselbeeren dazugeben. Zum Schluss die Sauce durch ein Sieb passieren und gegebenenfalls mit Stärke abbinden.

Schwarzwurzeln
800 g Schwarzwurzeln, 100 g Butter, 1 Schalotte, 1 Päckchen Haco weiß (Gemüse Bleichmittel),
Salz, Pfeffer, 50 ml Gemüsefond

Eine Schüssel mit Wasser füllen, Haco weiß dazugeben und verrühren.
Die Schwarzwurzeln waschen und unter fließendem Wasser schälen, in dünne schräge Streifen schneiden und sofort anschließend in das vorbereitete Wasser legen, damit sie schön weiß bleiben. Die Butter in einer Pfanne schmelzen, die gewürfelte Schalotte glasig darin anbraten, die Schwarzwurzeln dazugeben und mit dem Gemüsefond ablöschen. Leicht köcheln lassen, salzen, pfeffern und bei Bedarf mit Gemüsefond aufgießen, bis die Wurzeln bissfest sind. Zum Schluss das Gemüse noch mit etwas kalter Butter glasieren.

Pariser Kartoffeln
4 Kartoffeln

Die Kartoffeln waschen, schälen und mit einem Pariser Ausstecher Kugeln stechen.
Diese in Salzwasser garen, anschließen in einer Pfanne mit Butter goldbraun braten.

Gefüllte Birnen
2 Birnen, 50 g Zucker, 300 ml Weißwein,
150 ml Portwein, 1 Vanilleschote, 1/4 Glas Preiselbeeren

Die Birnen waschen, schälen, halbieren und das Kerngehäuse ausstechen. Die Schalen und das Kerngehäuse aufbewahren. Nun den Zucker in einem Topf langsam karamellisieren, die Schalen und das Kerngehäuse zugeben und mit etwas Weißwein ablöschen. Kurz aufkochen lassen bis sich der Zucker aufgelöst hat. Den restlichen Weißwein und den Portwein aufgießen und für weitere 5 Minuten köcheln lassen. Den Fond durch ein Sieb passieren und wieder in den Topf gießen. Das ausgekratzte Mark der Vanilleschote und die Schote selbst, sowie die Birnenhälften hinzufügen. Die Birnenhälften bei geringer Hitze gar kochen, aus dem Fond nehmen und mit Preiselbeeren füllen.

> Weinempfehlung:
> 2011 Bordeaux Chapelle Saint-Marie
> Gamme chemin de Compostelle, Antoine Moueix
> Montagne Saint-Émilion AOC, Bordeaux

Schokoladen-Brownie,
Blutorangen-Sorbet, Rosine und Mandel

4 Personen

Brownie

70 g Butter, 150 g Zucker, 1/3 Vanilleschote,
3 Eier, 50 g Mehl, 40 g Backkakao, 115 g Kuvertüre (54%)

*Den Ofen auf 140°C vorheizen. Butter weiß und schaumig schlagen, Zucker hinzugeben und
schlagen bis der Zucker sich fast aufgelöst hat. Das Vanillemark auskratzen und dazugeben.
Die Eier einzeln unterrühren. Kuvertüre über dem Wasserbad schmelzen. Mehl und Kakao sieben
und unter die Ei-Masse rühren. Kuvertüre ebenfalls dazugeben und unterrühren.
Den Teig in eine gefettete und am Boden mit Backpapier ausgelegte Backform (20 x 10 cm) geben und bei
104°C ca. 25 Minuten backen. Der Brownie bleibt dabei innen sehr saftig. Falls keine Form in der Größe zur
Hand ist, das Rezept einfach für die vorhandene Backform umrechnen.*

Blutorangen-Sorbet

300 g Blutorangenpüree oder -saft, 220 g Läuterzucker

Die Zutaten mischen, in eine Sorbetière füllen und einfrieren.

Blutorange, Rosine, Mandel

2 Blutorangen, 50 g Rosinen, 50 g Mandelstifte

*Etwas Blutorangenabrieb zur Seite stellen, dann die Blutorangen filetieren.
Den dabei abfallenden Saft mit dem Abrieb zusammen erhitzen und über die Rosinen geben.
Mindestens 2 Stunden, wenn möglich über Nacht quellen lassen.
Mandeln im Ofen bei 180°C goldbraun rösten. Orangenfilets, abgetropfte Rosinen und
Mandeln mischen und mit dem Schokoladenkuchen und dem Sorbet servieren.*

Orangenhippe

100 g Puderzucker, 50 g Butter flüssig, 50 ml Orangensaft,
40 g Glucose, 35 g Mehl, 35 g Mandelblättchen

*Orangensaft erhitzen, Glucose darin auflösen, restliche Zutaten einrühren.
Anschließend dünn auf ein mit Backpapier ausgelegtes Blech streichen. Mit Mandelblättchen bestreuen
und im Ofen bei 180°C ca. 10 Minuten backen. Abkühlen lassen und in Stücke brechen.*

Da steht es so allein am Kirchengemäuer. So unschuldig.
Aber wehe, wenn Tausende dazukommen, sich in Bewegung setzen und
ausschwärmen – dann bringe sich in Sicherheit, wer kann.

für Hartmut

„Man braucht nur
mit Liebe einer Sache nachzugehen,
so gesellt sich das Glück dazu."
(Johannes Trojan)

NACHWORT

Monika Mostert-Rath, Dozentin

Mein zweites kulinarisches Projekt an der Seite von Birgit – und diesmal ging es nach Münster, ich war begeistert. Auch ich habe wunderschöne Jahre in dieser Stadt verlebt und viele liebgewonnene Erinnerungen gespeichert. Wir haben Münster und seine Umgebung wieder neu und ganz intensiv für uns entdeckt.

Auf der Suche nach Manufakturen und Gastgebern zählten auch in diesem Bildband der erste Eindruck, der erste Händedruck und das erste Gespräch.
Wichtig war Birgit die runde Mischung, das Zusammenspiel der einzelnen Handwerke in einer wunderbaren Umgebung. Und die haben wir auf unserer Schatzsuche gefunden. Kreative Ideen voller Energie in den Küchen, an der Bar, hinter den Theken, in Brenn- und Braukesseln haben uns begeistert.

Es war mir wieder mal eine Freude mit Birgit und Monika an einem Buch zu arbeiten. Mit Leidenschaft und viel Spaß ist dieses Buch entstanden.
Ich hoffe, es macht Ihnen genau so viel Freude wie uns. Besuchen Sie die Gastgeber dieses Buches und kommen Sie in den Genuss der leckeren Gerichte & Getränke. Es lohnt sich sehr.

Nicole Metzger

EMPFEHLUNG
Rheingaumen-Kitzel
ISBN 978-3-00-047533-7

Wir waren bei jedem Besuch verliebter und das hatte mit Düften, Aromen und Geschmacksvielfalt zu tun und natürlich mit dem Probieren. Die Begeisterung der Kreativen steckte uns an und wir hoffen, dass der Leser diese, unsere Eindrücke für sich entdeckt. Viele Gebiete, wie das Rösten, Brennen und Brauen sind sehr komplex, deshalb haben wir sie skizziert und hoffentlich Neugier geweckt. Auch die Rezepte sind vielfältig und lassen keine Wünsche offen, sind mal schlicht aber auch raffiniert, deftig oder ganz zart, auf alle Fälle immer „lecker".

An dieser Stelle noch mal ein herzliches Dankeschön an die Künstler der kulinarischen Genüsse für das Überlassen ihrer Rezepte. Wir haben uns gefreut einen Blick hinter die Kulissen werfen zu können.

In diesem Buch stecken viel Arbeit, Spaß und Herzblut. Für uns ist eine spannende, erlebnisreiche Zeit zu Ende gegangen mit einem für uns perfekten Ergebnis. Falls wir aber etwas übersehen haben sollten und sich ein kleiner Fehler eingeschlichen hat, so bitten wir um Nachsicht.
Viel Spaß beim Schauen, Lesen, Ausprobieren und Nachkochen.

Monika Moster-Rehr

Das Bild hat eine kleine Schräglage.
Kommt das daher, dass die Fotografin eine kleine Schlagseite hatte,
nach den vielen kleinen Genüssen auf den Seiten davor?